DEL SUFRIMIENTO AL CRECIMIENTO

DEL SUFRIMIENTO AL CRECIMIENTO

No es lo que te pasa, sino lo que haces
con lo que te pasa

Shulamit Graber

Grijalbo

El papel utilizado para la impresión de este libro ha sido fabricado a partir de madera procedente de bosques y plantaciones gestionadas con los más altos estándares ambientales, garantizando una explotación de los recursos sostenible con el medio ambiente y beneficiosa para las personas.

Penguin Random House Grupo Editorial

Del sufrimiento al crecimiento
No es lo que te pasa, sino lo que haces con lo que te pasa

Tercera edición: enero, 2026

penguinlibros.com

ISBN: 978-607-386-939-3

Impreso en México – *Printed in Mexico*

A ti, Abraham, mi cómplice y compañero de vida, por nuestro amor y sabiduría compartida.

A mis hijos, mis tesoros, Isaac, Jonathan y Eduardo. Su tenacidad y espíritu de lucha para conquistar sus sueños han sido un gran ejemplo y una fuente de inspiración en mi vida. Los adoro.

A mis padres y hermanos, Jaime, Silvia, Mauricio y Edith, por siempre estar tan cerca con ese amor y apoyo incondicional.

A Miriam, Daniela y Tere por su presencia, solidaridad y cariño, que han enriquecido nuestra familia. Las quiero mucho.

A mi nieta Naomi, mi niña hermosa, luz de mi vida, alegría de mi alma.

Índice

Índice

Introducción

Doce años han pasado desde ese momento que cambió mi vida. Jamás me hubiera imaginado que aquel domingo por la mañana nunca más volvería a ser la misma y mucho menos que aquella misma noche dormiría en la más oscura de las penumbras y la desesperanza.

Cuando escuchamos que a un familiar, vecino, conocido, amigo, le pasó una experiencia traumática nuestra mente siempre reacciona de forma peculiar, casi siempre pensamos: "Eso a mí no me va a pasar". Sin embargo, a mí me pasó.

Yo pensaba lo mismo, esa situación parecía tan lejana a mí, tan poco probable, era como algo que escuchaba remotamente en la radio o en las noticas de la televisión, y de alguna forma me sentía inmune. Pero ese domingo me di cuenta de que estaba muy equivocada, "eso no te pasa a ti, hasta que te pasa".

Por naturaleza, el ser humano intenta evitar el dolor a toda costa, somos buscadores de placer, pero paradójicamente es en ese dolor, producto de una experiencia traumática, donde encontramos crecimiento y transformación. Y esa gran lección de vida la iba a experimentar en carne propia un domingo cualquiera.

El 1º de abril de 2007 a las 11:30 de la mañana fui secuestrada; tanto mi dolor como mi aprendizaje estaban por comenzar.

Durante un evento traumático uno se enfrenta a emociones y miedos que jamás se imaginó. Mi miedo durante el secuestro fue ver la muerte de cerca.

Dos preguntas son evidentes en una experiencia traumática: ¿podré sobrevivir a esto que me está pasando? Y en todo caso, ¿cómo va a cambiar mi vida a partir de este momento?

A raíz de mi propia experiencia he invertido mucho tiempo en trabajar y entender cómo influyó mi secuestro no sólo en la psicología de mi propia vida, sino también en mi práctica profesional.

Me convertí en una mujer que dejó de cuestionar los "porqués" de la vida, y empecé a preguntarme el "para qué" de lo que vivimos. ¿Para qué llegó esta experiencia a mi vida? ¿Qué es lo que debo aprender de ella? Y ¿en quién quiero convertirme para superarlo?

Todas estas preguntas en un principio no tenían ningún sentido, pero con el tiempo lo encontré, y ese sentido terminó siendo una única conclusión: "No es lo que te pasa, sino lo que haces con lo que te pasa".

Yo tenía que hacer algo con lo que viví, pero ¿qué era ese algo?

Estando en mi cautiverio, en uno de los momentos de mayor desesperanza, me hice dos preguntas: si es el último momento de mi vida, ¿qué me faltó por vivir?, y si salgo viva, ¿qué haré diferente?

Mi respuesta para la primera pregunta fue una reflexión instantánea, reconocí en ese momento que había vivido una vida maravillosa; mi respuesta para la segunda, en cambio, estaba basada en aquello que me faltaba por hacer, y fue ahí cuando tomé la decisión de convertirme en una experta en el acompañamiento de experiencias traumáticas para ayudarme a mí y a mis pacientes. Esta promesa está siendo cumplida.

La prueba por la que atravesé ha sido por mucho la más difícil de toda mi vida y mi práctica profesional. Muchas cosas han cambiado.

Después de ese evento lo primero que hice fue buscar una respuesta para reconstruirme, y esa respuesta la encontré en el estudio del manejo de trauma, así que decidí hacer una especialidad en manejo de estrés postraumático y he trabajado con experiencias traumáticas de toda índole y desde diversas trincheras, he sido invitada a participar en foros sobre trauma y en programas de radio y televisión, y he colaborado con gobiernos dirigiendo programas de apoyo psicológico para víctimas de trauma.

A lo largo de estos años he tenido la oportunidad de ayudar a miles de pacientes que han venido a mí con una pregunta: ¿cómo superar el dolor de una experiencia traumática? Todos ellos tienen un común denominador: han sufrido una experiencia que ha paralizado su vida, desde un secuestro, la pérdida de un ser querido, un divorcio, una infidelidad, hasta un abuso, entre muchos otros. Todos estos eventos traumáticos tienen una importante consecuencia: "agotan la realidad" de quien lo vivió, y hoy sé que nadie ni nada debería agotar toda tu realidad. Después de esa vivencia, únicamente hay dos caminos: o permites que ese dolor te consuma o te fortaleces a partir de ese evento para resignificar tu experiencia y darle un sentido, generando un crecimiento.

Mi propuesta con este libro es lo segundo: tú que viviste una experiencia dolorosa, podrás encontrar el para qué y superar el dolor para crear una nueva versión de ti mismo.

Resignificar una experiencia traumática requiere de cuatro pasos, mismos que yo utilicé para superar mi secuestro y convertir el estrés postraumático en un crecimiento postraumático.

Dicen que el tiempo lo cura todo, yo pienso lo contrario: no podemos dejar en manos del tiempo una vivencia dolorosa de esta índole. La única forma de sanar una herida y seguir adelante con tu vida, incluso con una versión mejor de ti mismo, es atreviéndote a trabajar en tu experiencia. Y hoy tienes en tus manos esa posibilidad a través del método que te propongo.

Para ir del caos al orden, sólo hay una ruta, primero tienes que contar tu historia de una forma diferente a la que siempre la has contado, después tienes que buscarle un nuevo significado a lo que viviste para poderlo acomodar en tu interior, y finalmente construir una nueva cosmovisión de tu vida, y ése es justamente el camino que hoy quiero proponerte.

Si decides aceptar mi propuesta, tu vida nunca volverá a ser la misma.

Camina conmigo y encontrarás esa respuesta a tu propio "para qué" que no has encontrado; yo la encontré, ahora te toca a ti.

Con cariño,

SHULAMIT GRABER

PARTE I

Capítulo 1

LA CAPTURA

Las cosas son como son, inesperadas y absurdas, las comprendas o no

La vida es el arte de dibujar
sin goma de borrar.
John W. Gardner

—Ponle un precio a tu vida…

—Mi vida no tiene precio —contesté en un tono certero y enfático.

—Entonces lo pongo yo, pero no me bajo ni un peso. Tienes 20 minutos.

El silencio era tenebroso. Apretaba con fuerza los ojos, intentando ver una luz, una señal.

La angustia que experimenté es indescriptible. Me retorcía por dentro y por fuera. ¿Qué decir? ¿Cómo se hace esto?

A lo largo de aquellos interminables minutos barajé varias posibilidades. ¿Cuál debía ser mi respuesta? ¿Cómo podía ponerle un precio a lo más valioso que tengo, a mi vida? Poner precio a la vida es un sinsentido.

Perdí noción del tiempo y no sé cuántos minutos pasaron, pero nuevamente escuché sus pasos seguidos de un abrir brusco del cerrojo de la puerta.

—Y bien, ¿cuál es la cantidad?

—Mire… —comencé con rodeos, sin siquiera saber qué iba a decir.

Fui interrumpida con brusquedad:

—No estoy jugando.

—De acuerdo, pero le juro, por esta mi vida que no tiene precio, que yo tampoco estoy jugando; por favor, ayúdeme a hacer esto, no sé cómo se hace —le supliqué.

—¿Cuánto pagaría su marido por rescatarla?

La misma pregunta hecha de manera distinta. Sin embargo, si algo me quedaba claro en ese momento, era que evocar espacios mentales de claridad sería un reto casi imposible. Lo que sí sabía es que no se trataba de amor ni de dinero, sino de ser expertos en el arte de negociar.

Negociar es algo que hacemos con regularidad en nuestra vida cotidiana. ¿Qué negociamos? No sólo dinero. Negociamos afectos, vínculos, puestos de trabajo, amistades, compromisos, posturas, pensares, sentimientos, las cosas de la vida. Probablemente es cierto lo que se dice por ahí, que "tienes no lo que quieres sino lo que eres capaz de negociar". Es una práctica que aprendí a una edad temprana, de mi padre, con el que había que ser experto para lograr un poco de todo: permisos, salidas, dinero… en fin, cada paso era negociado, y aunque a veces lo viví con mucho enojo, cansancio y agobio, en ese entonces me quedó claro que tenía cierta experiencia en este arte.

Empecé intentando dar explicaciones desde la lógica y la realidad de la que en ese entonces era nuestra situación financiera. Cantidades iban y venían. Discutimos, regateamos, negociamos y, aun así, sabía que el papel que ambos, mi esposo Abraham y yo, jugaríamos en todo esto sería crucial.

Y así comenzó mi experiencia de cautiverio, una agonía de incertidumbre que no sabía cómo llegaría a su fin y tampoco comprendía cómo había comenzado.

Tan sólo unas horas antes había cambiado el reloj al horario de verano. Eran las 11:30 de la mañana de un domingo soleado y me preguntaba: ¿iré a correr o tomaré el día para descansar? La pregunta llevaba implícita la respuesta que me surgía de un lugar recóndito: no tengo ganas...

Si hubiera escuchado lo que mi cuerpo intentaba decirme quizá me habría dado cuenta de que su mensaje era de franco agotamiento, como en otros momentos en que el trabajo intenso y excesivo me orillaba a un día de descanso.

Qué difícil escuchar esa voz interna, ese lenguaje tan sabio del cuerpo. Conectarte con tu interior, y no pasar por alto sus señales, puede considerarse una tarea que requiere ejercitarse. ¿Qué sentimos? ¿En qué parte del cuerpo?

Tomé mi iPod, y decidida a correr libremente emprendí mi camino, sin imaginar que no iba a regresar en una hora, como lo había hecho siempre que bajaba a correr por ese mismo sitio desde hacía dos o tres años, sino después de cuatro infernales días.

Habían transcurrido 10 minutos... mi reloj marcaba el final de mi calentamiento. Comenzaba a correr, mi pulso aún no alcanzaba el nivel esperado cuando una camioneta Explorer negra, a toda velocidad y rechinando llantas, frenó unos metros adelante de mí. Al verla pasar pensé en la forma tan irresponsable en la que algunos jóvenes manejan por rumbos aparentemente solitarios y tranquilos, ocasionando los peores accidentes. No había terminado de elaborar esta idea cuando cuatro sujetos, dos con lentes oscuros y dos de ellos armados, caminaron hacia mí. Uno intentaba distraerme diciéndome: "Señora, estamos buscando el numero 17 de la calle..."; sentí y percibí algo extraño en estos primeros instantes que tuvieron la duración de un parpadeo.

En un momento inesperado, el cerebro comienza a hacer conjeturas instantáneas sin que alcance a notificarnos de sus conclusiones por la rapidez con la que los hechos están sucediendo. Se piensa sin pensar, como si fuéramos una computadora que procesa rápidamente gran cantidad de información que requerimos para adaptarnos a una determinada situación, para hacer juicios rápidos basados en pocos datos, con el objetivo de alertarnos contra el peligro y actuar con la rapidez y asertividad requerida.

Reconozco haber pasado por todo ese proceso, sin embargo, sucedió tan rápido —tanto en mi pensamiento como en la realidad que enfrentaba— que por más que intenté caminar hacia atrás, tocar algún timbre, encender el celular, como reacciones ante el inminente peligro, todo se quedó en meras intenciones cuando dos de aquellos sujetos me tomaron de los brazos y me subieron a la parte trasera de la camioneta. No opuse resistencia y no logro recordar si me cargaron o caminé, lo que sí recuerdo es que en unos cuantos segundos me encontraba sentada en medio de dos extraños, en la parte trasera de una camioneta que, así como había llegado, arrancó, con el mismo rechinido de llantas.

Siempre que he vuelto a visualizar esta última escena, la de antes de haber sido capturada, me sorprende cómo pude tener conciencia del peligro desde el primer instante; se me ocurrió hacer varias cosas, pero la rapidez con la que estos sujetos actuaron superaba toda posibilidad de hacer algo distinto. Fue como una corazonada que a manera de reacción instintiva me decía que algo malo iba a sucederme; ahora pienso que ese "poder" de percibir con rapidez en los primeros dos segundos no es un regalo que se nos otorga mágicamente, sino una habilidad que podemos cultivar.

Contrario a como pasó, hoy por hoy, al recordarlo, me parece que todo sucedió con mucha lentitud, escena por escena, como las películas en cámara lenta.

La velocidad de la camioneta aumentaba por segundo, igual que mi angustia.

—¡Cierra los ojos inmediatamente! —gritó el conductor—. ¡Y no los abras por nada de este mundo o te damos un plomazo!

Apreté los ojos en un intento por "no ver", no saber, no sentir. ¿Acaso era una pesadilla? "No podía ser real —me decía—, no podía estar viviendo ese momento, ¡por supuesto que no!"

—Cierra bien los ojos y no se te ocurra abrirlos —repetía el sujeto una y otra vez, mientras mis lentes oscuros los cubrían; aun así, sentía la necesidad de apretar con fuerza los párpados.

La camioneta continuaba a toda velocidad por un camino lleno de curvas que hacían que me ladeara de un lado a otro.

—Tu nombre, apellido, dirección… ¿Eres divorciada?

—No, soy casada.

De nuevo una intuición. Algo en mi interior me decía que no sabían quién era yo. Hubo una breve discusión en un tono de angustia, gritos de por medio y, al parecer, un malentendido en relación con una fotografía que parecía habérseles extraviado. Nunca dudé en responder con la verdad: no era un juego, eso me quedaba claro; los errores, omisiones o mentiras podían ser peligrosos. Mentir no era opción, tampoco hablar de más u ofrecer información no requerida, por lo menos en ese momento. Bien sabemos que la información es poder, incluso hasta un axioma.

El camino parecía interminable. La distancia se tornaba tormentosa debido a que mis pensamientos viajaban en sincronía con la velocidad del auto. Pero lo que más rápido viajaba era mi corazón, que latía a tal velocidad que me hacía estremecer; mi mente generaba preguntas y más preguntas que intentaba responder: ¿acaso irán a violarme? Lo más seguro es que sí. ¿Cómo podría defenderme? ¿Qué podría decirles para evitarlo?, porque una cosa es la rendición ante la captura y otra procurar la sobrevivencia.

Irónicamente, la noche anterior había visto la película *Acusada*, con Jodie Foster. Recordaba una por una las escenas en las que es violada por varios sujetos en una mesa de billar, la forma en que después de algún tiempo recobra fuerzas y decide demandarlos, el juicio y… Todo aquello que pensaba fue interrumpido por un brusco frenón. Oí dos puertas abrirse —la de mi lado derecho y la del copiloto— y sentí cómo el aire fresco se mezclaba con gritos impregnados de nerviosismo y tensión. Comprendí que dos de mis captores habían descendido, y en el lugar del copiloto escuché una nueva voz, y junto a mí, justo de mi lado derecho, quedó un lugar vacío.

"¡Rápido —decía la voz del conductor—, fíjate si nos siguen!" Un arranque brusco y de nuevo a toda velocidad. ¿Qué pasaba? ¿Dónde estábamos? ¿Hacia qué destino nos dirigíamos? La incertidumbre y la angustia crecían dentro de mí. Una voz amable, la del sujeto sentado a mi izquierda, dijo: "Si gusta, puede recorrerse". Lo hice de inmediato, a la vez que intentaba agarrarme de la puerta, pues la velocidad a la que circulábamos me hacía perder el equilibrio.

—¿Gusta que la ayude a ponerse el cinturón de seguridad?

—Sí, gracias.

—Bájale a la velocidad —le dijo al piloto con un tono que denotaba cierta exigencia—, que la señora se está asustando.

Qué difícil es ir a toda velocidad sin saber hacia dónde vamos, y de hecho así es la vida. Mientras tanto las preguntas sin respuestas seguían llegando sin tregua una tras otra: *¿Qué irán a hacerme? ¿Cómo puedo defenderme? ¿De qué se trata todo esto? ¿Cuánto tiempo estaré ausente? ¿Cuándo y a dónde llegaremos? Miedo, incertidumbre, angustia, el comienzo de una agonía.*

Intenté activar al máximo mis sentidos, sobre todo el del oído. Sin la vista, tenía que encontrar la habilidad para percibir y observar desde otro lugar. De pronto tuve la sensación de estar sobre una autopista, esa velocidad no podía mantenerse dentro de la ciudad; además me daba cuenta de las paradas en cada caseta de cobro, del viento frío a través de alguna rendija del vidrio y de la música electrónica a muy alto volumen.

De pronto, vuelta tras vuelta, topes, frenadas bruscas, empedrados... confusión.

Con la misma brusquedad con la que habían arrancado, frenaron súbitamente.

Un *shock* agudo e intenso: lo que no podía sucederme, me estaba sucediendo... lo imprevisible se volvía real.

—Señora —dijo uno de ellos—, escuche bien las indicaciones: se va a bajar de la camioneta sin abrir los ojos y esta persona la va a guiar.

Sentí las manos gruesas y ásperas de alguien que, a la vez que me ayudaba a descender, me guiaba. Después de unos pasos descubrí que habíamos llegado a mi destino, todavía incierto, al aire libre: el viento fresco y el sol del mediodía eran indicio de que me encontraba en una especie de cochera o garaje sin techo. Yo seguí tal y como me indicaron hasta que paramos:

—Va usted a subir 10 escalones; véselos contando para que se sienta más segura —gritaba el que, hasta ese momento, parecía ser el jefe.

—Uno, dos, tres… —decía en voz baja el sujeto que me guiaba.

Un giro a la derecha, un descanso, otros 10 escalones… Recordaba las películas en las que se ve a un ciego con su guía; tal era mi sensación de inseguridad y vulnerabilidad. ¿Cómo podía estar subiendo tantos escalones exteriores? Exteriores, sí, ya que sentía esa mezcla de viento fresco y sol recorriéndome la piel… ¿En dónde me iban a meter? ¿En una azotea? ¿En el cuarto de servicio de una casa? Por fin oí el rechinar de una puerta abriéndose lentamente y tuve la sensación de entrar a una habitación con olor a polvo y humedad, como si no se hubiera usado en mucho tiempo. De inmediato me sentaron en una silla y tuve la certeza de que la hora de saber algo dentro de toda aquella incertidumbre se acercaba.

—Niño —dijo la voz del que llamaré Jefe, en tono de mando—, enciende todas las luces; también la del despacho y la de la otra habitación, no quiero ni una luz apagada, y siempre que entren y salgan de este cuarto, lo quiero cerrado; no me dejen nunca la puerta abierta. Tráeme esa silla —continuó.

El bombardeo de preguntas comenzó:

—¿Me puede volver a decir su nombre y su apellido? —me pidió el Jefe—. ¿Me lo puede deletrear? Me lo repite de nuevo…

Hasta la tercera vez, me parece, pudo comprenderlo.

—¿El de su esposo? ¿Dirección? ¿A qué se dedica su esposo? Dirección de la oficina…

Mi voz se tornaba temblorosa al contestar sus preguntas, las mismas que ya me había hecho en el camino a este lugar que, por ahora, sería mi destino.

—Muy bien —dijo, una vez que el interrogatorio pareció haber terminado, y como si estuviera contando el final de un cuento o de una historia, agregó—: Esto es un secuestro…

"Está usted secuestrada"… escucharlo, sentada en un sitio que desconocía, lejos de mi hogar y rodeada de extraños, fue como empezar a creer que esta situación de cautiverio, tan vista y escuchada, y que nunca imaginé que me sucedería a mí sino siempre a otros empezaba a cobrar veracidad, se convertía en parte de mi vida; hoy ésta era mi realidad…

Y en ese momento aún no lo sabía, pero me estaba enfrentando a mi propia *experiencia límite*. Hoy, años después, entiendo que una experiencia límite es impredecible y se vive con una enorme sensación de impotencia, tocando nuestra más profunda vulnerabilidad. Y lo más aterrador es que nos pone de frente a la muerte.

Capítulo 2

EXPERIENCIA LÍMITE

¿Quién está adentro y quién afuera?

Sólo aquellos que intentan lo absurdo
pueden lograr lo imposible.
ALBERT EINSTEIN

—Bueno —dijo el Jefe de pronto—, deme el teléfono de su casa.

La voz me temblaba. Habían pasado más de tres horas e imaginaba la preocupación de todos en casa a causa de mi ausencia. Derramé un par de lágrimas: tendría que notificarle a mi familia sobre mi secuestro.

—Escuche lo que le dirá a su marido —me ordenó—: "Estoy bien, necesito que hagas lo que te digan a continuación para que esto termine rápido y bien".

Y yo, que pensaba que ya no estaba para seguir órdenes, entendí que la flexibilidad es un recurso que conviene usar según las circunstancias.

—¿Qué pasó? ¿Dónde estás? ¿Estás bien? —la voz de mi marido, tranquila, cálida y serena, se escuchaba al otro lado del auricular.

Dije con rapidez lo que me indicó el Jefe e intenté agregar unas palabras para que supieran que estaba bien y en orden conmigo misma, pero me arrebataron el teléfono y lo colgaron.

—¿Por qué colgó? —le pregunté.

—Yo me pondré en contacto con él más tarde; es importante dejarlo meditar.

Era sólo el comienzo de una pesadilla. No sólo para mí, sino también para mi esposo. Al secuestrarme a mí, secuestraban algo de él y de toda mi familia, ¿pero qué? Su paz, su estabilidad emocional, su vida cotidiana. Confiaba en él, sí, en su habilidad para negociar, su sensatez, inteligencia y ecuanimidad; en nosotros como pareja, en mis hijos, en mis familiares. Imaginaba que no lo dejarían solo, pero, a fin de cuentas, sentía que mi vida estaba en sus manos. Siempre me había sentido apoyada, segura a su lado y entonces no sería la excepción.

Pero en toda historia, siempre hay dos partes, y Abraham, mi esposo, recuerda aquella mañana así:

> Era domingo, 1º de abril. No sólo cambiaba el horario sino que sería un domingo que como familia jamás olvidaríamos. Shuly despertó como de malas, un poco triste y con poca energía, pero ella siempre tiene la habilidad de sobreponerse y sacar fuerzas, no sé de dónde, así que se vistió para salir a correr en la calle; había un silencio poco habitual. Tuve cierto conflicto interior en si la acompañaba o iba al templo por el vino de los primogénitos para mi hijo Isaac, el mayor, al que sé que le gusta este tipo de tradiciones características del primer día de la celebración de la Pascua judía, o bien, si me quedaba a jugar squash con Eduardo, mi pequeño, como acostumbrábamos los fines de semana.
>
> Dejé que se fuera sola, pero nunca imaginé que esta decisión pudiera casi costarnos la vida a ambos.
>
> Pasó un tiempo mayor de lo habitual y ella no llegaba, y no llegaba. Yo estaba con Eduardo, jugando, cuando

abruptamente apareció nuestra empleada doméstica corriendo. Era una llamada de parte de Shuly. Sentí un frío espantoso, un escalofrío. Corrí hacia el teléfono fijo de la casa. La llamada provenía de su celular, pero quien estaba al otro lado del auricular no era ella: "Tenemos a tu esposa, vamos a ver cuánto vale para ti", era una voz gruesa, la de un hombre que se escuchaba decidido. Mientras procesaba lo que oía me dijo una cantidad imposible de conseguir. Mi primera reacción fue hablarle de tú también, tratando de lograr empatía. Le expliqué que le daría todo lo que estuviera a mi alcance, que me diera tiempo.

Dijo que hablaría más adelante para saber cuánto había logrado reunir. Le pasó el teléfono a Shuly. Se escuchaba nerviosa, pero a la vez serena, yo sé cómo es ella, y cómo reacciona ante los retos o situaciones difíciles, aunque ciertamente nunca habíamos enfrentado una situación tan abrumadora como ésta. Lo único que alcancé a decirle fue: "Quédate tranquila. Haré lo que sea para que regreses bien", y el teléfono se cortó de forma brusca.

Intenté ordenar mis ideas. Sabía que tenía que actuar muy rápido. Intuía que si no lo hacía la podían lastimar. ¿Qué debía hacer primero? ¿Cuál era el orden correcto? ¿Avisar a mis hijos, a sus padres, a mi familia?

Lo primero que hice fue llamarle a mi hermano mayor. Siempre he contado con él para todo. Le pedí que me ayudara a reunir lo más posible. Su primera reacción fue de total descontrol: se alarmó, aunque poco a poco comenzó a calmarse y me aseguró que me iba a ayudar. A pesar de esa promesa, yo me sentía muy inseguro con lo que podría pasar, por lo que decidí buscar ayuda con la policía para que me asesorara, pues intuía que el asunto no sólo era de dinero.

Seguí con las llamadas telefónicas, entre ellas a la madre de Shuly, pues habían quedado de ir a comprar las cosas para la festividad de Pésaj, que justo se celebraba ese día. A mi suegra no se le olvida lo que le dije: "No te asustes, pero acaban de secuestrar a Shuly. No podrán ir de compras".

En poco tiempo mi casa se llenó de familiares ofreciendo ayuda; yo estaba encadenado al teléfono, prácticamente encerrado en mi habitación, esperando cualquier señal del secuestrador. Evitaba la confusión y el ruido que había en el resto de la casa y que me impedía concentrarme.

Por fin sonó el teléfono. Pregunté por mi esposa, pero el jefe de la banda me interrumpió diciendo que sólo quería saber la cantidad que había reunido. Le hice ver que en domingo, justo en Semana Santa, se me dificultaba conseguir o pedir prestado. Brevemente dijo: "Si quieres jugar con fuego, vas a lamentarlo. Te llamaré mañana". Yo desesperado supliqué que me diera más tiempo, que la quería hoy mismo de regreso, pero entendí que ninguna cantidad sería suficiente, era una guerra de desgaste. Colgó el teléfono.

Yo intuía que no era un secuestro exprés como tantos de los que había oído y que me parecían situaciones lejanas de mí o de mi familia. Después de un momento de desorientación, recapacité en el rediseño de cómo actuar; sin embargo, sabía que muy poco estaba en mis manos.

En medio de este torbellino de sucesos e ideas llegó Óscar, la persona que me asesoraría, dispuesto a apoyarme con su presencia y consejos sin límite, como lo haría un buen y cercano amigo en quien se puede confiar en momentos difíciles.

> Esa tarde me quedé pensando y pensando qué debería hacer, y de pronto vi desde la ventana de mi cuarto un cielo encapotado, oscuro. Entonces me imaginé que ella estaba viendo el mismo cielo, en algún lugar, quién sabe dónde... ¿En dónde la tenían? ¿Cómo la tenían? ¿Cómo la trataban? ¿Qué le estarían diciendo? Al menos, pensé, ambos estábamos viendo el mismo cielo, unidos, conectados pensando uno en el otro.

Isaac, mi hijo mayor, recuerda aquel momento con estas palabras:

> Abraham, mi padre, entró a mi cuarto y me dijo sin mayor explicación:
>
> —Dame todo el dinero que tengas.
>
> Mis ahorros eran pocos. Yo era un joven de 21 años y algo tenía ahorrado en una caja que guardaba en un cajón.
>
> —¿Para qué?
>
> —Porque mamá se fue a correr y no ha regresado.
>
> —¿Y para qué necesitas dinero?
>
> —Porque tengo miedo.
>
> No quería decirme. Sólo me pedía dinero, supongo que lo que quería era protegerme no dándome la versión completa de lo que sucedía. Lo orillé a decirme la verdad:
>
> —La agarraron.
>
> —¿Y por qué crees que la agarraron?
>
> Lo veía nervioso. Finalmente me confesó:
>
> —Ya me hablaron; la secuestraron.
>
> Veía cómo mi papá se guardaba todo. Me puse nervioso. No sabía cómo reaccionar. Mi hermano Jonathan, el mediano,

de 18 años, no estaba en México, y a Eduardo, el más pequeño, de 15 años, lo recuerdo silencioso y sumergido en un juego en su computadora. Quizá ha sido el único momento en que me he enfrentado en toda mi vida a la posibilidad de perder a un ser querido, y sin embargo, no estaba tan preocupado. Era una mezcla muy rara, no me podía dormir, y daba vueltas en la cama hasta que el sueño me vencía, pero tenía una sensación de confianza, de saber que todo saldría bien… Estábamos muy bien acompañados. Nunca me sentí solo, tenía el apoyo incondicional de todos a mi alrededor. Recuerdo incluso que yo acababa de escribir una novela y hasta platicábamos de eso, confiaba en todos como familia, pero además sabía que se trataba de mi mamá y que ella sabría cómo resolverlo, así que en realidad confiaba, más que en todos, en ella… ¿Un instinto?

Este evento nos retó a todos como familia. Creo que sacó lo mejor de cada uno de nosotros, y de hecho hay algo que me conmovió muchísimo. Durante el cautiverio de mi mamá, mis abuelos maternos, que habían estado peleados por años, se reconciliaron. Recuerdo a mi abuela haciéndole pasteles a mi abuelo, no importaba nada más, todos convivíamos en armonía, en pro de un mismo objetivo.

Eduardo, mi hijo pequeño, tiene un recuerdo cronológico:

Estaba jugado squash con papá y de repente llegó Lety corriendo: mi mamá había marcado a casa y era urgente; mi papá dijo "ahorita vengo" y se fue. Esperé y esperé… 20 minutos después, cansado de esperarlo, regresé a casa y vi que estaba en su cuarto con la puerta cerrada haciendo llamadas.

A partir de ahí sentí que algo malo estaba pasando, pero no quería creerlo. Fueron como dos horas en que no entendía nada de lo que sucedía. Algo escuchaba, él iba y venía, pero yo no preguntaba porque no quería saber.

Como a la una o dos de la tarde llegó mi abuelita, la mamá de mi mamá, y asumió que yo ya sabía y así fue como me enteré de lo que estaba pasando.

Me acuerdo sobre todo de ese primer día y del último. De los demás... no veía a mi papá en todo el día, sólo en las noches que subíamos y cenábamos juntos. Había mucha gente, y recuerdo que cada quien tenía su personalidad; unos eran más duros, otros más directos, otros más concretos y otros a mí me daban más confianza porque los sentía "con las manos en el asunto". No se me olvida que uno de ellos jugaba conmigo en mi cuarto para entretenerme: en aquella época me gustaba volar aviones; jugaba el juego del simulador de aviones y los volábamos.

Isaac y yo no hablábamos de nada. Cada uno estaba en su mundo. Con mi papá hablábamos cuando, por las noches, nos sentaban en el sillón de abajo y nos daban un *update* del día: "Así está la cosa... Normalmente funciona así este tipo de situaciones, qué podíamos esperar..." Y eso siempre nos daba mucha tranquilidad. Por las noches, quien asesoraba a mi papá hablaba de alpinismo para despejarse la mente; incluso mi papá le regaló unos tenis para escalar.

Recuerdo que cada llamada telefónica paralizaba todo por completo. Había gente con audífonos, todos escuchando para saber y pensar qué seguía. Había algunas llamadas más fáciles que otras. Lo sé porque las grababan y las reproducían después para identificar patrones de comportamiento. Había

> un pizarrón en el cuarto donde se anotaba absolutamente todo y se analizaban estrategias a seguir. Estaba preocupado, sí, pero nunca tuve miedo de lo peor. Soy muy optimista y siempre creí que se resolvería.

Escuchar estas historias narradas por mi familia me hace pensar que todos estábamos adentro, difícil valorar cuál era el límite que nos dividía, ¿qué es afuera y qué es adentro en este tipo de circunstancias? Lo único que me quedaba claro en ese momento era que formábamos un equipo; toda la familia estaba dentro de mi cautiverio, conmigo, a mi lado, sólo las trincheras en las que cada uno trabajaba en pro de mi libertad eran diferentes. Eso que hizo mi esposo en ese momento fue un gran acto de amor: organizar a toda la familia y amigos para crear un equipo solidario y eficiente. Y así, tal cual, me lo han contado y recontado. Un gran ejemplo de solidaridad familiar. La precisión fue impecable y así debía ser, cualquier error en alguna de las partes era peligroso.

En aquellos interminables días me quedó claro que me encontraba inmersa en una situación incierta, riesgosa, y el miedo y la impotencia empezaban a invadirme. Hoy, años después, sé que a este tipo de situaciones se les llama ***experiencias límite***.

¿Por qué se le llama así? Porque estás en ese límite entre la vida y la muerte. Y esta experiencia límite que pareciera ser inusual, sucede y es mucho más común de lo que tú te imaginas.

A lo largo de estos 12 años, y como experta en el campo de trauma y resiliencia, he dado talleres, conferencias y cursos de entrenamiento donde al inicio solía hacer la misma pregunta cuya respuesta no dejaba de sorprenderme: "¿Cuántos de ustedes han sido afectados por una experiencia límite?" Generalmente eran pocos los que levantaban la mano, a pesar de que éste es un tema tan común en nuestro país y en el mundo en general. Mi hipótesis al respecto era que les daba pena compartirlo o simplemente atreverse a ser señalados, y peor aún, lo habían ocultado en su interior de tal manera que ya ni lo tenían presente.

Fue así como decidí no sólo cambiar mi pregunta, sino hacerla al finalizar mis presentaciones de la siguiente manera: "¿Cuántos de ustedes han sido afectados por una experiencia límite o evento traumático que ha dejado huella en su vida?" La mayoría levantaba las manos y, además, sentían el ánimo y la necesidad de compartir su experiencia, ya que generalmente episodios de esta índole no suelen ser historias de uno, dos o tres, sino que implican a toda una familia e incluso a toda la comunidad.

Al compartirla se daban cuenta de cuántos habían vivido cosas semejantes y la connotación de vergüenza y secreto se convertía en una forma de comunión y complicidad. Muchos de los que no se animaban a levantar las manos me contactaban después en privado para contarme lo que habían vivido. Pero mi asombro y curiosidad eran grandes puesto que casi ninguno había buscado ayuda para trabajar, elaborar y acomodar o resignificar su experiencia traumática.

Sin embargo, a partir de que se habían atrevido a compartirlo o al menos a levantar la mano en señal de haberlo vivido se sentían inspirados a hacerlo.

Esta forma de plantear la pregunta y la decisión de hacerla al final y no al principio aportó mucha luz a mi teoría de que entender a fondo cómo opera una experiencia traumática, qué secuelas deja y qué posibilidades hay para sanarse es fundamental como preámbulo a una conexión íntima y certera con uno mismo, no sólo para detectar el trauma en sí, sino para tener clara la forma en que ha tocado nuestra vida y las consecuencias que ha dejado.

¿Qué es una experiencia límite?

Una experiencia límite es un suceso que es vivido como aterrador, con un miedo intenso y una sensación de impotencia, de la que no hay nada que puedas hacer para escapar o evitarla, y se origina tras haber sufrido u observado un acontecimiento altamente traumático (atentado, violación, asalto, secuestro, accidente, acto terrorista, desastre natural, guerra, etc.), *en el que está en juego la vida de las personas.* Y es aquí donde a veces nos confundimos porque creemos que sólo "si nos pasó a nosotros" estamos viviendo esta experiencia límite, pero no es así, los de afuera que también están salpicados por ella la están viviendo a su manera, con sus propios miedos e impotencias.

Cuando vivimos una experiencia límite nos enfrentamos a dos tipos de posibles pérdidas: *1) pérdida ambigua*: libertad, dignidad, confianza, seguridad, alguna facultad mental o cualquier condición intrínsecamente humana y *2) pérdida real*: la muerte.

En mi experiencia terapéutica con trauma esta diferenciación es crucial, ya que culturalmente no hemos aprendido a legitimar y llorar por pérdidas ambiguas (como las llama Pauline Boss) derivadas de experiencias límite. La muerte es la única pérdida real por la que nos han enseñado a sufrir y a llorar, y resulta muy liberador cuando les damos un valor en nuestra historia a estas pérdidas ambiguas, dignas de ser cautelosamente observadas y trabajadas.

En este tipo de experiencias límite el cuerpo registra sensaciones físicas, mentales y emocionales que, independientemente del curso que tome el suceso o vivencia, van dejando huellas, y son precisamente esas "huellas" impregnadas de recuerdos las que deberán ser removidas y resignificadas para lograr acomodarlas internamente.

Mi forma de reaccionar ante mi propia experiencia límite en aquellos primeros instantes fue casi instintiva, sentí una especie de fuerza que empezó a emerger, apoderándose de todo mi ser. Logré ubicarme dentro de la situación de cautiverio y debatir conmigo misma sobre lo que esto implicaba, lo que significaba y sobre cómo debía actuar, comprendiendo que mi vida dependía de saber manejarme con la cautela y asertividad necesarias para lograr un equilibrio que me permitiera adueñarme de nuevo de mi vida o, por lo menos, de lo que en esos momentos dependía mi vida. De esta manera, como entablando un diálogo interno, me dije: "Yo, y sólo yo, soy responsable por los aspectos cruciales de mi situación; aun si debo enfrentarme a obstáculos externos, tengo la libertad de decidir qué actitud tomar".

Soy profesionista en el campo de la psicología, de la salud mental; he leído y estudiado al respecto, tomado infinidad de cursos, seminarios; he trabajado con diversos rasgos de personalidad, crisis existenciales y sociopatías, así que, al tener algo de claridad sobre cómo operaba la mente de quienes me habían secuestrado, estaba consciente de que era crucial lograr cierta calma o control para no alterarlos demasiado y correr el riesgo de que me lastimaran; por lo que mi participación, desde ahí adentro, sería determinante para salvar mi vida.

No puedo permanecer como víctima. La victimización nunca me ha gustado y a lo largo de los años he exhortado a mis pacientes y amigos a que abandonen esa postura, ya que la considero inútil, de modo que no puedo permanecer sólo como espectadora de una negociación. Debo tomar un papel activo en todo esto, elevar al máximo mi grado de conciencia.

Si pudiera grabar con fuego en mi alma este primer momento, apropiármelo para nunca olvidarlo y guardarlo como un ritual de agradecimiento a la vida, lo haría con las siguientes palabras, que se hicieron carne viva en mí desde aquel instante: cautela, asertividad, equilibrio, diálogo interno, responsabilidad, libertad, negociación, esperanza, familia, conciencia.

El no asumir la responsabilidad que tenemos para conservar la vida es encarar permanentemente a la muerte, pero eso es imposible, sólo se puede soportar por unos pocos momentos; no es fácil vivir cada instante con total conciencia de que moriremos, es como tratar de mirar al sol de frente, sólo se puede soportar un rato.

Hoy entiendo que para evitar el peor de los escenarios la mente comienza a viajar a una velocidad que sólo en situaciones límite puede ocurrir, porque la agonía ante la incertidumbre es tan grande que nos obliga a dejar de sentir y sólo actuamos con el fin de sobrevivir.

Sería como poner nuestro celular en "modo avión", ya que automáticamente nos ponemos en "modo sobrevivencia".

Las horas transcurrían y la radio sonaba a todo volumen en la estación 99.3, "la mejor música, sólo éxitos" —música de antro, como dirían mis hijos, para mí, actual, moderna—, en donde insistentemente anunciaban el concierto de "los grandes" que tendría lugar en el Zócalo dentro de tres semanas, el cual era el parámetro que usaba para medir el tiempo y pensar si para ese entonces seguiría en cautiverio o no. Intentaba distraerme, pero mis pensamientos y mis sensaciones eran más fuertes e intensos que las canciones o los comentarios de los locutores. Esperaba, además, que el Jefe regresara con alguna información sobre el primer contacto con mi marido. Intenté una conversación con "mi cuidador":

—¿Crees que permaneceré mucho tiempo aquí? Tú, que eres experto en esto, ¿qué opinas?

—Espero que sea rápido —respondió—; creo que así será, pues se cometió un error. Usted no era la persona que debía estar aquí, de hecho, los responsables de la fotografía de la persona que debió haber sido secuestrada no hicieron bien su trabajo; la verdadera víctima era una mujer que iba a estar corriendo, al igual que usted, en esa misma colonia, en esa calle y a esa hora, y como usted era la única corriendo por ahí, la confundieron.

Su voz era tranquila. La misma que escuché en la camioneta cuando me susurró si quería ponerme el cinturón de seguridad. No necesitaba mirarlo, lo ubicaba perfectamente. Sin embargo, escuchar lo que acababa de decir fue otro gran *shock*. ¡Una equivocación! Mi enojo, acompañado de una sensación de incredulidad, crecía por segundos, ya que este discurso de haber estado a la hora equivocada en el lugar equivocado era para mí un enigma. ¿Qué significaba todo eso?

Estar en el lugar equivocado a la hora equivocada resonaba en mi interior. ¿Tendría que ver con una especie de destino? ¿Por qué salí a correr a esa hora si la hora en que normalmente lo hacía ya había pasado? ¿Sería cierto que me confundieron con alguien? Y si fuera cierto, ¿la conocería alguna vez? Preguntas inútiles. Lo que necesitaba en ese momento era conectarme con algo que aliviara un poco lo que acababa de escuchar.

No podemos mentirle a la parte más profunda de nosotros mismos, y lo que yo sentía en ese preciso momento era enojo, indignación, como si acabara de ser objeto de una gran injusticia. ¿O de qué otra forma podía interpretar esta "equivocación" que ponía mi vida en riesgo?

Desde el fondo de mi alma le dije:

—Si esto fue un error, déjenme en un barranco o tírenme a un basurero; yo sabré qué hacer. No pierdan el tiempo conmigo.

—Desgraciadamente no es posible —me respondió—; éste es un proceso que inicia mucho antes de capturar a la víctima y no podemos echarnos para atrás, hay muchos gastos, muchas personas involucradas... pero, por eso mismo, creo que usted no va a durar mucho aquí.

¿Le creeré? Me convenía hacerlo porque sus palabras llevaban implícita una esperanza y yo recordaba la frase: "La esperanza es tan imprescindible al sentido de la vida como el oxígeno a los pulmones", mantenerla cuando nos enfrentamos a fuerzas abrumadoras nos permite empeñar en ello nuestros mejores esfuerzos; combina una decisión interna, un salto de fe, con un suceso que deseamos y esperamos con todas nuestras fuerzas.

Tocaron a la puerta, ésta se abrió y entró el Jefe: mi corazón empezó a latir a tal velocidad que sentía como si quisiera salirse de mi cuerpo, sentí miedo, curiosidad y una extraña mezcla entre esperanza y desesperanza.

—¿Qué pasó? —le pregunté.

—Nada bueno, su marido no logró conseguir casi nada a lo largo de esta tarde... hasta risa me da. En verdad me suena extraño que entre tanta familia y amigos sólo consiguiera una mínima cantidad, la misma que tengo yo en mi bolsillo en estos momentos... hasta podría prestársela —dijo en tono sarcástico, poco esperanzador—. En fin, le van a preparar su cama para que descanse, porque parece que esto va para largo.

Hasta aquel momento no había perdido la "ilusión del indulto", las esperanzas de ser liberada de inmediato. ¿Un secuestro exprés, tal vez? Pero ante esta última noticia sentí como si una cubeta de agua helada me cayera poco a poco sobre la cabeza y recorriera todo mi cuerpo hasta la punta de los pies. Pero, por otro lado, sabía que no podía dejar de confiar; mi marido estaba haciendo lo que debía hacer y yo no podía dejarme llevar por el discurso de estos hombres, debía regresar a mí, a mi interior y a la firme convicción de que mi papel era fundamental en la negociación de mi libertad.

Hoy sé, esto que no tenía claro en aquel momento, que nadie es pasivo ante una experiencia traumática, ya que hay algo que todos hacemos o al menos intentamos hacer para salvar nuestro pellejo aun cuando no tenemos conciencia de ello. Actualmente, en mi trabajo terapéutico, lo primero que hago cuando un paciente me comparte su historia de experiencia traumática (ya sea provocada por un secuestro, desastre universal, crisis existencial, laboral o matrimonial), es ayudarle a reconocer aquello que "sí hizo" pero que no logró percibir, porque estoy convencida de que nunca somos seres pasivos ante un trauma, y esto que nos sucede o "este hacer" al que me refiero es porque nos ponemos en ***modo sobrevivencia***.

Capítulo 3

MODO SOBREVIVENCIA

Los seres humanos estamos programados para la sobrevivencia

Ante las crisis de nuestra alma y nuestra vida, nos toca ser los sobrevivientes.
Brian Tracy

Escuchar a ese hombre y recordar el instante en que los vi, segundos antes de haber sido secuestrada, me hizo decirme que estaba frente a dos "terrícolas", que independientemente de su personalidad perversa eran seres humanos, no extraterrestres viajando en una nave espacial, y si esto era así, algo tenía yo que hacer para que a través de nuestras conversaciones pudiera tocar sus vidas. No existen seres humanos sin sentimientos, me decía, y yo debía tener la sabiduría y habilidad para tocarlos, para acercarme, excepto si eran psicópatas o sociópatas, porque eso es, como se dice, "harina de otro costal". En todo caso, la violencia es responsabilidad de quien la ejerce, de ninguna manera de quien la sufre.

Creencias y expectativas van de la mano. Las creencias sobre la realidad implican una expectativa de coherencia y de persistencia; es así como por debajo de sentimientos que parecen espontáneos y originales actúan creencias fundamentales implícitas. En mi sistema de creencias cabía la posibilidad de la cercanía desde la más auténtica de las curiosidades.

Y es así como opera este *modo sobrevivencia*, colapsando las emociones para que no nos distraigan o nos paralicen, y podamos enfocar nuestra mente y atención en estos primeros instantes.

Sin embargo, había sido un largo día. Intentar descansar, siempre que se pueda, si las condiciones lo permiten, es un excelente recurso para que el cuerpo y la mente recuperen el equilibrio. Por fin me acosté en la cama, que por cierto era cómoda y limpia. Mañana sería otro día...

¿De qué se trata y cómo opera el *modo sobrevivencia*?

Los seres humanos están —en su mayoría— programados para la sobrevivencia. Las reacciones eficientes frente a la amenaza son esenciales para sobrevivir. El modelo clásico de respuesta humana ante la amenaza consiste en tres fases:

a) reconocimiento de la amenaza,
b) evaluación del peligro y sus riesgos,
c) evaluación y despliegue de los recursos de adaptación.

La activación del *modo sobrevivencia* es prácticamente automática, y regula el funcionamiento inicial del ser humano cuando éste percibe un daño existencial; es una interacción compleja entre procesos neurobiológicos, procesos de atención, tendencias cognitivas y emocionales, orientación social y respuestas conductuales.

La amenaza extrema parece crear una respuesta cualitativamente diferente a la del estrés diario. La evaluación de una situación amenazante para la vida es instintiva y las consecuentes respuestas conductuales son casi inmediatas; el objetivo de las reacciones instintivas es hacer frente al peligro y restablecer la seguridad.

La experiencia consciente del miedo es revocada por las exigencias de la aguda amenaza a la vida, sustituyendo las funciones cerebrales de más alto nivel por un funcionamiento instintivo a través de las partes más primitivas del cerebro: "libre albedrío contra supervivencia". Es así como bajo la amenaza, el funcionamiento del sistema neurofisiológico del organismo se reestructura para liberar energía para la acción inmediata.

Hay muchas partes del sistema nervioso involucradas en tal respuesta: la atención se estrecha para detectar la fuente del peligro y evaluar su impacto; la conciencia emocional disminuye; las respuestas conductuales son rápidas, suaves y enfocadas al objetivo; y las personas, frecuentemente, "no se sienten como ellas mismas durante estos momentos". El funcionamiento cognitivo también es rápido y eficiente. En mi experiencia, la gente confirma haber tenido una mente clara y enfocada.

Recuerdo haberme sentido así dentro de mi cautiverio, como en un estado de trance o de plena conciencia, enfocada a lo que seguía, es decir, atenta a lo que debía o no decir, hacer o no hacer, pedir o no pedir, para negociar mi libertad. Se trataba de mi vida y la atención plena en cada paso con el cuidado que se requería era fundamental. Y tal cual sentía mi mente, clara y enfocada.

Las amenazas existenciales tienen efectos tanto inmediatos como de largo plazo, los seres humanos vivimos con un mapa cognitivo que se está formando constantemente por la experiencia. Este mapa cognitivo nos dice qué es peligroso y qué no lo es; es decir, cómo podemos sobrevivir en un mundo lleno de peligros. Debido a que la información negativa o amenazante es más poderosa que la positiva, este mapa cognitivo se basa sobre todo en información derivada de experiencias amenazantes.

Las experiencias negativas forman nuestro mapa cognitivo, el cual funciona como un sistema de defensa para mantenernos a salvo, en otras palabras, las amenazas serias ponen a prueba nuestras suposiciones acerca del mundo (Janoff-Bulman, 1989).

El reto después de eventos extremos es el de readaptar nuestro mapa cognitivo para que podamos seguir funcionando y así evitemos el miedo de que la amenaza sea recurrente.

Brom y Kleber (2009) proponen el concepto de *aprendizaje mínimo*, que se refiere a la necesidad de adaptar el mapa cognitivo; un proceso de aprendizaje que puede concluirse cuando dicho mapa provee un sentimiento de seguridad a pesar del evento ocurrido. La producción de cortisol, epinefrina y oxitocina permite que el organismo esté listo para la reacción de lucha o huida, pero también lo prepara para la relajación y la creación de vínculos afectivos, que son respuestas para soltar o reducir tensión. Un vínculo fuerte es también una de las características de este modo de supervivencia. El síndrome de Estocolmo se refiere precisamente a la necesidad de vincularse con el agresor como una forma de sobrevivir.

Y así fue como conectarme con los secuestradores, y en especial con el Jefe, me permitía desplegar recursos, ocuparme y no sólo preocuparme y hasta de cierta forma sentirme merecedora de algún bienestar o pequeños privilegios, ¿por qué no?

Dormir fue difícil. La mente no dejaba de girar, de generar posibilidades, opciones, más preguntas sin respuestas… dormité, tal vez, hacia el amanecer. Las horas pasaban sin pasar: 2 a.m., 3 a.m., decía la voz de la radio, encendida día y noche con la finalidad de aislar y aturdir; la única variación era el volumen, que manejado al antojo de los secuestradores indicaba momentos de la vida en aquella habitación que comenzaba a desprender un olor a encierro.

Y mientras tanto en casa:

> Esa primera noche ninguno teníamos hambre ni ánimo para conversar; Óscar, mi asesor, insistía en que de nada servía estar decaído en esos momentos. No había más que esperar la llamada hasta la mañana siguiente, debíamos sobreponernos, cenar y estar relajados para tener energía y listos para lo que viniera. Yo trataba de hacerlo, pero no podía del todo. Apenas comía algo y me retiraba de la mesa. Mis hijos se quedaban con Óscar, quien trataba de distraerlos con relatos.
>
> Esa noche caí en la cuenta del miedo que sentía: era la primera vez, en mucho tiempo, que mi esposa no dormía a mi lado; no sentirla, no olerla, no verla, el vacío en la cama, era como una prueba que me evidenciaba su ausencia. Por supuesto que no lograba conciliar el sueño, esperaba cualquier

> cambio o llamada; sin embargo, estaba tan agotado que yo, que suelo padecer insomnio, me quedé dormido.

Las palabras del cuidador —éste es un proceso, no podemos echarnos para atrás, los gastos, la gente involucrada, las camionetas, la forma de operar— eran indicios de que no se trataba de delincuentes comunes ni de acciones improvisadas, sino de una industria bien planificada. Eso implicaba que no eran enfermos mentales, sino seres humanos más o menos dentro de la norma.

La habitación jamás parecía estar a oscuras. A pesar de los ojos vendados, advertía que la oscuridad no era total. Percibía la calle siempre iluminada, de día, por la luz natural; de noche, por un posible farol frente a la habitación en que me hallaba.

—¿Quiere ir al baño? ¿Necesita algo?

—¿Como de qué? —pregunté.

De inmediato, el Jefe me interrumpió, diciendo:

—De aseo personal; por ejemplo, shampoo, cepillo de dientes…

La cosa va para largo, pensé. Sin embargo, me quedó claro que sentirme bien era tan indispensable como "saberme comportar" en esa situación de cautiverio, por lo que respondí:

—Sí, cepillo de dientes y pasta.

—¿Alguna marca en especial?

—Sí —me atreví a contestar—, cepillo de dientes Oral B, suave, y de preferencia número 35; pasta de dientes Colgate Sensitive.

Él preguntaba y yo respondía con claridad y certeza. Creo que anotaba en una libreta; en ocasiones me interrumpía para volver a preguntar o para estar seguro de que escribía correctamente el nombre de los productos. Así continué con la marca del shampoo, del desodorante...

Considerar que era merecedora de algún bienestar posiblemente fue un atrevimiento, pero eso, a su vez, llevaba implícito el principio de una negociación entre nosotros, tónica que marcaría la forma en que podríamos relacionarnos —si es que puede hablarse de relaciones, aunque no sean igualitarias, dentro de un secuestro—; para mí, valía la pena intentarlo, ya que en lo personal y en mi práctica de psicoterapia he considerado que el enfoque más eficaz para la transformación es "la conexión humana", efectiva tanto para disminuir la ansiedad ante la muerte o el peligro, como para establecer la sinergia entre las ideas y la conexión íntima con los demás; finalmente, me parece, los seres humanos estamos hechos para conectarnos con otros. Sin embargo, aunque la conexión puede paliar el dolor, no puede hacer desaparecer los aspectos más dolorosos de la condición humana.

—¡Ah!, se me olvidaba preguntarle qué suele comer para que se le prepare, lo que guste —agregó—, tenemos una cocina totalmente equipada.

Yo, sin titubear, respondí:

—Manzanas —y recordé el famoso dicho: "Una manzana al día, mantiene lejos al doctor"—, atún con apio, queso panela y jitomate, por favor.

—¿Para beber?

—Agua, pero de preferencia embotellada, porque recientemente tuve malestar estomacal.

Con fruta y proteínas fácilmente podía sobrevivir; ya que sería terrible en esta situación enfermarme por una mala alimentación. Enfermarme era otro de mis grandes miedos: imaginaba con pavor una diarrea, fiebre o un simple dolor de cabeza, cualquier cosa que me pudiera debilitar. Tenía que comer, intentar dormir, ir al baño... en resumidas cuentas, ser y estar fuerte, lo que podría lograr únicamente si estaba bien tanto interna como externamente. Por ahora, ésa era mi preocupación y a eso le apostaba.

Tal vez la lista de mis peticiones para "sobrevivir" resultaba un tanto ridícula y contradictoria en una situación de cautiverio, privada de mi libertad, pero hacer pequeñas peticiones podía darme alguna pauta de cómo era mi enemigo, ese jefe al que estaba enfrentándome.

Años después, cuando Jorge, uno de mis pacientes, vino a verme con la intención de tomar algunas sesiones de terapia porque lo habían secuestrado junto con Martha, su novia, pude distinguir en su relato la forma en que utilizó el humor combinado con una especie de sarcasmo, para establecer una conexión con sus secuestradores a favor de su sobrevivencia, que según su familia es una de las características que lo distingue, ya que no sólo bromeaba con los secuestradores, lo que pudiera ser visto como un atrevimiento, sino que a través de su sentido del humor logró vincularse con ellos, entablar una cercanía y un diálogo.

Incluso cuando en algún momento de su cautiverio pretendían dejarlo salir a él sin su novia, a quien pretendían mantener como rehén, él logró que esto no sucediera y que ambos pudieran permanecer juntos hasta el final, gracias al vínculo que logró establecer con sus captores, lo que llevaba implícita la misma idea del "merecimiento o el atrevimiento a pedir", siempre y cuando hubiera una conexión o un vínculo previo que sirviera como plataforma para tal petición.

Sin embargo, fue hasta que lo hablamos en la terapia que él se hizo consciente de este recurso utilizado, que fue un medio no sólo de comunicación sino de sobrevivencia.

Es por ello que en mis cursos y conferencias sobre trastorno por estrés postraumático (TEPT) hago hincapié en la importancia, como terapeuta, de ir reconociendo y nombrando junto con los pacientes uno a uno los recursos utilizados ante una experiencia límite, ya que en su mayoría no son valorados y mucho menos reconocidos por quienes la viven. Y de esta forma, al ponerles nombre, adquieren "vida", es decir, se vuelven parte de un repertorio consciente de posibilidades que podrán ser reconocidas y activadas en cualquier situación futura, lo cual no ocurría antes de la experiencia límite. De esta manera podemos empezar a elaborar lo vivido con un rumbo que nos lleve a convertir el sufrimiento en una posibilidad de crecimiento.

Me vino a la mente la palabra *resiliencia*, la capacidad de atreverse a visualizar e implementar una variedad de estrategias de supervivencia a fin de enfrentar los distintos desafíos, a medida que van surgiendo, desde una postura serena que dé pauta a la audacia y eficacia del pensamiento que las personas dotadas de una personalidad tenaz poseen, ya que ellas mismas se consideran capaces de controlar los sucesos o influir en ellos. Los sobrevivientes de catástrofes universales han sido resilientes.

"Finalmente, ¿qué es el hombre?", me preguntaba. Sí, soy mi cuerpo, ¿pero qué más? Mi pensamiento y la curiosidad que me acompaña; a través de la curiosidad logramos distanciar la mente de la realidad circundante y, de esta manera, se facilita contemplar lo real con cierta objetividad, hasta el grado de aprender a utilizar ese mecanismo como medida de protección personal.

El Jefe regresó, después de algunas horas, con tres shampoos, cuatro desodorantes, dos cremas corporales, una pasta de dientes y tres diferentes marcas y grosores de cepillos de dientes. ¿Qué significaba todo eso? ¿Una larga estancia o un intento por hacerme "más leve" esta terrible pesadilla? Decidí no preguntar.

A través de mi experiencia clínica en el campo de trauma, hoy me queda claro que el objetivo de las reacciones instintivas que pueden llevar implícitas la idea de merecimiento con cierta característica de atrevimiento tienen como objetivo el poder hacer frente al peligro y restablecer la seguridad, característica indispensable para mantener la calma y el equilibrio en una experiencia límite.

Poco después sentí que se había sentado a mi lado, muy cerca. De pronto preguntó:

—¿A qué se dedica?

—Soy psicóloga. Terapeuta.

—Una psicóloga puede ser peligrosa... ustedes hacen que uno sienta, y eso nos debilita... fíjese que yo soy malo, soy una "patraña" y mi instrumento de trabajo es el terror. Yo me drogo, pero no fumo ni bebo. Es una droga muy especial, que me hace olvidar, relajarme, no pensar; me ayuda a olvidar lo malo que he hecho para no sentirme culpable y así poder volver a hacerlo. Quiero que sepa, por ejemplo, que yo he sacado ojos, cortado dedos...

"¿Será cierto o no?", me preguntaba. Para el caso era lo mismo. ¿Qué pretendía con aquellas palabras? Vulnerar, socavar, debilitar. El terror como herramienta de trabajo.

Hablaba de forma acelerada, ansiosa. Cuando hizo una pausa, intervine:

—Está bien, yo no lo juzgo, pero sí puedo decirle que nadie es totalmente malo ni totalmente bueno; todos somos una mezcla de todo, de bueno, de malo y regular... si usted quiere pensar que es malo, hágalo, pero le aseguro que si busca dentro de usted hay otros lados o facetas que también existen. Nuestra identidad es dinámica, va cambiando, no es fija.

Un silencio invadió la habitación. Me preguntaba si lo que había dicho fue demasiado atrevido, si hablar de esa manera tendría implicaciones favorables o desfavorables, pero ser capaz de abstraerme del terrible entorno y sumergirme en un mundo donde la libertad de pensamiento y sentimiento me pertenecían me impulsó a hacerlo. Pensándolo bien, ha sido la forma de proceder a lo largo de mi vida, me gusta opinar, debatir, discutir y manifestar mi inconformidad, ¿por qué habría de alterar mis creencias y mi forma de actuar?

Recuerdo que cuando di mi primera conferencia acerca de experiencia límite y estrés postraumático alguien del público me preguntó: "¿Cómo es que pudo ser 'usted misma' dentro de su secuestro? ¿Cómo es que se atrevió a ser como es?"

Pregunta que me han hecho desde la primera vez que conté mi testimonio hasta hoy día, y mi respuesta es siempre la misma: "Desafortunadamente uno se da cuenta de lo que está hecho en este tipo de situaciones límites que demandan un despliegue inmediato de todos nuestros recursos para enfrentar y lidiar con lo que un trauma demanda, y cuando crees en ti, debes actuar como si tuvieras toda la confianza que necesitas hasta que se convierta en tu realidad".

Y por ahora ésa era mi realidad, estaba en cautiverio, frente a una banda de secuestradores y mi herramienta más poderosa era aprender a comunicarme con ellos.

Capítulo 4

EL VÍNCULO

La conexión como herramienta de sobrevivencia

Cuando ya no podemos cambiar la situación, nuestro reto es cambiarnos a nosotros mismos.
VIKTOR FRANKL

Jorge, mi paciente, sintió lo mismo cuando se atrevió con su humor a desafiar a sus secuestradores, que ésa era una herramienta poderosa para comunicarse con ellos. Recuerdo la primera sesión en que me relató la historia de su secuestro impregnada de sentido del humor con un toque de sarcasmo, a tal grado que llegaba a incomodar, sin embargo, muy pronto me percaté de que así, con ese sentido del humor con que me relataba lo que vivió, era como se había dirigido a ellos, ya que cada vez que lo hacía y ellos se reían de sus palabras o comentarios, su escenario interior de libertad se expandía y, al menos, como él mismo lo expresó: "Me hacía sentir mejor y más fuerte".

Los sistemas de creencias son la esencia del funcionamiento humano y constituyen fuerzas poderosas de esto que llamamos resiliencia. Nos enfrentamos y lidiamos con las crisis y la adversidad para dar sentido a nuestra experiencia, relacionándola con nuestro mundo social, con nuestras creencias culturales y religiosas, con nuestro pasado multigeneracional y con nuestra esperanza y nuestros sueños respecto al futuro. Las creencias son las lentes a través de las cuales visualizamos el mundo, mismas que influyen en lo que vemos o no vemos; constituyen la esencia de nuestra identidad y de nuestro modo de comprender las cosas, de conferir sentido a nuestra experiencia.

Nuestras creencias, seculares o sagradas, nos anclan en la inmensidad vertiginosa de eso tan desconocido que llamamos realidad, de este modo, las creencias nos definen, nos abarcan. En líneas generales, son valores, convicciones, actitudes, tendencias y supuestos que se unen para formar un conjunto de premisas básicas que desencadenan reacciones emocionales, determinan decisiones y orientan cursos de acción.

Pienso también, en otro horizonte de realidad, que vivimos en un mundo inacabado e imperfecto que nos interpela; depende de nosotros asumir la responsabilidad de colaborar para que las cosas sean diferentes, con la consecuencia de que al dejarnos envolver por aquella especie de vocación, nuestra vida tendrá un diseño mejor delineado, más armonioso.

Y el diálogo en relación con mi profesión de psicóloga continuaba:

—Por eso no me gustan las psicólogas; son como brujas que te hacen decir lo que no quieres —continuó diciendo el Jefe—, tienen una especie de bola de cristal a través de la cual ven y saben más de lo que deberían.

Era difícil responderle. La asertividad y el equilibrio entre hablar y callar eran indispensables. La duda de hasta dónde podía hablar, de qué manera y sobre qué temas, implicaba un cuidadoso reto, ya que "hablar de más" podría irritarlo y, por el contrario, no continuar con la conversación, podría hacerlo sentirse ignorado, por lo que no me quedaba más que ser astuta y sobre todo cuidadosa, muy cuidadosa.

Existe una clara diferencia en el resultado de las batallas entre los que tienen un plan y los que no lo tienen, por lo que me convenía ser una buena estratega. Hacerte invencible significa conocerte a ti mismo; aguardar para descubrir la vulnerabilidad del otro, significa conocer a los demás. Con astucia se puede anticipar y lograr que los adversarios se convenzan a sí mismos de cómo proceder y moverse; ayuda a caminar por el camino que se traza.

Quería pensar estratégicamente y recordaba fragmentos de Sun Tzu: tener la sabiduría de ver lo sutil y darme cuenta de lo oculto; la precisión certera tiene la fuerza de una catapulta; debía ser discreta, hasta el punto de carecer de forma, "completamente misteriosa" y confidencial hasta límites indescriptibles. De esta manera podría dirigir el destino de mis adversarios: "Haz que vean como extraordinario lo que es ordinario para ti; haz que vean como ordinario lo que es extraordinario para ti".

—Nadie puede hacerle decir ni sentir lo que no quiere —continué en mi estrategia de comunicación con el Jefe—, usted es dueño de sus pensamientos, de sus sentimientos, de su mundo privado y, finalmente, el único experto en su propia vida; nosotros, como psicólogos, podemos reflejar únicamente, como un espejo, lo que vemos —era necesario que este hombre asumiera estas ideas como propias. ¿Cómo hacerlo? Como siempre, con empatía, escucha y paciencia, dejando que las palabras lo alcanzaran y lo permearan.

—¿Ha leído a Freud? —me preguntó, y sin dar tiempo para que le respondiera, continuó—. Yo sé bastante de psicología porque tengo que ubicar a mi personal en el lugar adecuado; deben saber tratar a las personas que traigo a la "casa de seguridad" —nombre que dan al escenario del cautiverio, es decir, al sitio donde retienen a las víctimas de secuestro—, y negociar con los familiares.

Hablaba como si se tratara de una empresa dedicada a la producción de bienes de consumo. ¿Cómo era posible que se refiriera con tanta normalidad a una actividad delictiva como si fuera una industria?

Sin embargo, crear un territorio accesible para ti y para los demás se llama terreno de comunicación, y es aquí en donde se optimizan los mensajes. Eso era lo que yo intentaba: establecer un lenguaje común, en un plano absurdo para mí, porque se trataba de negociar mi vida como si fuera una mercancía. Pero ése era el escenario donde debíamos movernos.

—Por supuesto que para manejar estas situaciones se necesitan conocimientos de psicología, supongo.

—En verdad eres una mujer hermosa por dentro y por fuera —continuó—; alguien muy especial. Qué afortunados deben ser tus hijos y tu esposo.

Me quedé muda y un tanto desconcertada. ¿Qué significaba eso de ser una mujer hermosa? ¿Qué implicaciones tendría en mi cautiverio? Recordé un famoso dicho en yiddish que decía mi abuela cuando alguien hacía un comentario que resultaba ambiguo: "¿Y esto es bueno o malo para mí?"

Observé que ya me hablaba de tú, lo que posiblemente era indicio de otro nivel de comunicación. No podía creerlo: una conversación de esta índole con el "ser malvado" que me estaba secuestrando carecía de lógica, no cabía en mi natural entender, me confundía, pero a la vez me tranquilizaba por la simple posibilidad de verlo como "humano", aunque fuera por unos instantes.

Mi oficio de terapeuta requiere de la habilidad de ver al paciente como un ser humano que sufre y tiene su propia historia, que enmarca su vida y da sentido a su pasado y a su presente. Mirarlo a través de sus propios ojos, en su contexto cultural-histórico, es la única forma de poder acercarse y ayudarlo. Esta misma herramienta se ponía ahora al servicio de mi sobrevivencia.

Recordé una frase importante para mí: "Hay cosas que te deben hacer perder la razón, a no ser que no tengas ninguna razón que perder". Ante una situación anormal, la reacción anormal constituye una conducta normal.

—Sí, a mí me gusta leer —continuó—; he leído a Fromm, a Daniel Goldman, el de *La inteligencia emocional*, y hasta escribía artículos de filosofía antes de dedicarme a esto.

—Pero si tienes todos esos conocimientos, ¿por qué no los utilizaste para otra actividad? —le pregunté.

Él se quedó en silencio; yo también. Necesitaba meditar antes de continuar. "Al general le corresponde ser tranquilo, reservado, justo y metódico."

Una curiosidad intensa se apoderó de mí, tal vez en un intento por distanciar la mente de la realidad circundante, de lo que me estaba ocurriendo. Incluso, me parece que aprendí a utilizar este mecanismo como medida de protección personal.

La curiosidad conduce a la exploración y a la adopción de visiones y movimientos alternativos; son estas diversas perspectivas las que la nutren. De esta forma, neutralidad y curiosidad se entrelazan, con la posibilidad de evolucionar con base en sus diferencias, precisamente porque no tienen un apego a una posición específica, a una postura. Es la actitud de "no saber", con la posibilidad de situarse en distintos lugares de observación, lo que permite entender desde dónde construyen su realidad los otros.

La vida de este hombre, que se movía en un continuo que iba desde la crueldad hasta sus pretensiones de ilustrado, me intrigaba y me incitaba a seguir explorando su mundo, pero debía ser cuidadosa para no penetrar en terrenos que fueran peligrosos, que suscitaran en él una reacción desfavorable.

Mi profesión de terapeuta se enfrenta continuamente a este dilema, el de preguntar desde la curiosidad, pero cuidando que el otro pueda narrar episodios significativos de su vida desde un lugar en que se perciba contenido, comprendido y no amenazado. Debía convertirme en una interrogadora "astuta", recurrir a la habilidad terapéutica para saber cómo, cuándo y hasta dónde; ésta era una herramienta o un recurso que podía usar para iniciar un vínculo con este ser que, en algún lugar recóndito, me parecía, quería ser escuchado por alguien que desde una auténtica curiosidad le preguntara sobre su vida.

Recordé las palabras de un gran maestro: "Soy humano, y nada de lo humano me es ajeno", "Por más brutal, cruel, prohibida o ajena que sea la experiencia de un paciente, uno siempre puede encontrar alguna afinidad en uno mismo si tiene la disposición de indagar en la propia curiosidad" y "Para volverte sabio, debes aprender a escuchar a los perros salvajes que ladran en tu sótano".

—¿Y se podría saber por qué cambiaste "de giro"? —le pregunté.

—Eso no te lo voy a platicar... yo estuve en las mejores escuelas, pero siempre fui una patraña —su autodefinición me resultaba a la vez cruel, ingenua y reveladora—. Mis amigos venían con choferes, guaruras, y hoy a todos les ha ido mal, la vida da muchas vueltas. Uno tuvo un accidente y perdió la mitad de su cuerpo, otro perdió todo su dinero y yo, pues ando en esto... de traer gente a esta casa, porque esa palabra que usan no me gusta. Bueno —dijo de pronto con un sobresalto—, ya me voy, pues se me hace tarde para hablar con tu esposo, además de que no debemos platicar mucho. Estar contigo es peligroso para mí.

"¿Peligroso? ¿Por qué?", pensé mientras escuchaba cómo se cerraba la puerta. Yo estaba aprendiendo, como dice Sun Tzu, a aguardar para conocer la vulnerabilidad del adversario. Lo conducía a mis terrenos y él lo intuía.

Horas antes, en su relato, pude darme cuenta de la soledad en la que vivía. Hay dos tipos de soledad, la cotidiana y la existencial. La primera es interpersonal y consiste en el dolor de verse aislado de los demás. Todos conocemos esa soledad, a menudo vinculada al temor, a la intimidad o a sensaciones de rechazo, vergüenza o de no ser querido. De hecho, la mayor parte de la labor psicoterapéutica está orientada a ayudar a los pacientes a formar relaciones íntimas, sólidas y duraderas con los otros. La segunda forma de soledad, el aislamiento existencial, es más profunda, y surge de la brecha insalvable entre el individuo y el resto del mundo. Esa brecha no nada más es consecuencia de que hemos entrado solos en la existencia y solos tendremos que abandonarla, sino de que cada uno de nosotros habita un mundo que solamente uno mismo conoce... No me cabía la menor duda de la soledad en que este hombre se encontraba. Sin embargo, desde ningún punto de vista podía justificarse este "trabajo" de confiscar la libertad de sus semejantes.

En el otro sitio, en el de la casa, la actividad empezaba muy temprano.

> Había dos frentes: por un lado, estábamos Óscar y yo analizando los posibles escenarios, anticipando estrategias y probables reacciones de los secuestradores, y por otro lado, los familiares trataban de conseguir la mayor cantidad de dinero posible. Ellos me reportaban el avance, pero fuera de eso tuvimos poco contacto; había mucha gente y muchas opiniones de todo tipo, algunas de alarma y estridentes, pero yo trataba de no distraerme escuchándolos.
>
> Llegó la llamada. El Jefe sólo quería escuchar la cantidad reunida. No era la que pedía, por lo que insistió en que si quería seguir jugando con fuego, lo pagaríamos con la vida de Shuly. Tenía que lograr que me escuchara, que entendiera que las vacaciones de Semana Santa eran días difíciles para vender bienes o encontrar personas que prestaran dinero. Pero él no permitía alargar la conversación y sólo me advertía qué pasaría si no conseguía lo que pedía para la noche. Cortó la llamada.
>
> En ese momento mis sensaciones eran de enojo, frustración, desesperación e impotencia. Sentía que nada de lo que dijera o hiciera serviría. No estábamos avanzando, más bien retrocedíamos.

> Óscar me consiguió un suplemento vitamínico y me pidió que me tranquilizara. Teníamos varias horas hasta la noche para intentar reunir dinero y reevaluar los pasos a seguir. Llegamos a establecer algunas ideas; la cuestión se podría reducir a un binomio: dinero-tiempo. La presión y el desgaste aumentaban: el Jefe presionaba con hechos y amenazas para llegar al límite de mis recursos económicos; por mi parte, tenía que elevar la cantidad conseguida cada vez, pero tratando de que el Jefe escuchara y entendiera lo que estaba haciendo y los límites de mis recursos. Para eso, necesitaba lograr conversaciones más largas para complacerlo en lo posible. Trataba de involucrarlo en mi lucha por obtener SU dinero para que cuidara a MI esposa. Desde su punto de vista, como "profesional del secuestro", estábamos negociando una operación comercial, donde la mercancía era mi esposa y mientras más ofreciera por ella más valor tenía la mercancía y la cuidaría mejor. Todo el día di vueltas y vueltas a este tipo de cuestiones junto con mi asesor, con la esperanza de que acabara esta pesadilla.

Procedí a bañarme y a lavarme los dientes. Sentirme limpia y aseada era importante para estar bien, fuerte, con ánimo de pensar y seguir intentando hacer algo desde adentro, para salir de aquella oscura pesadilla.

Ahora pienso que "estar bien" lleva implícito quererse, valorarse, saberse capaz de luchar; tal vez ahora le llamamos "una buena o suficiente autoestima", caracterizada, en términos de resiliencia, por una esperanza realista y un buen control personal.

El pensar que merecemos ser valorados puede ayudarnos a atravesar períodos de crisis. Creer que nuestras propias necesidades son egoístas y malas puede conducirnos a una solicitud abnegada o una implacable adaptación que nos deja exhaustos, culpables, resentidos y vacíos de sentido, que es una experiencia generada por contextos culturales que no nos hacen bien.

Mientras yo me sentía limpia y con mayor fortaleza, Abraham cuenta:

> Me incliné a percibir mi olor dentro de mi camisa, era intenso como un sudor fuerte pero no el mismo causado por el ejercicio, pues casi no había salido de mi cuarto; mi primera reacción fue meterme en la regadera y tratar de quitarlo tallando todo el cuerpo varias veces con jabón, mas no lo iba a lograr. Al terminar de secarme el olor siguió igual, era un olor nuevo para mí. Al principio me pareció sucio y molesto, pero más adelante entendí qué pasaba: estaba experimentando una reacción parecida a la de un animal perseguido que trataba de evitar caer en las garras de un león; tal vez era adrenalina, o no sé qué, pero supe que me mantenía alerta y listo para reaccionar al cien por ciento con lo que sucediera; la vida de una persona que quiero y amo con todo mi ser, dependía completamente de mi actuar. No podía fallar, tal vez no tendría una segunda oportunidad. Tenía que estar listo espiritual, física y emocionalmente para resolver la situación, entonces reconocí en el olor una comprobación de que mi cuerpo estaba generando lo que necesitaba para apoyarme en mis reacciones. Lo aprecié y agradecí.

La familia de Jorge, mi paciente, confesó en una de las sesiones en que estuvieron presentes tanto sus padres como sus hermanos con sus parejas, que se encontraban muy preocupados cuando él y su novia estaban secuestrados por la actitud que él tomaría en su cautiverio (refiriéndose a su conocido "humor negro", como ellos mismos lo llamaban). Su preocupación venía desde un lugar lógico-cultural, en donde se nos ha enseñado el sometimiento y la victimización como formas de comportamiento ante situaciones que nos rebasan, como lo es un secuestro. Buscar fortalezas o recursos suele atemorizarnos por miedo a que resulten contraproducentes. Sin embargo, hoy estoy convencida de que este equilibrio entre "poder atreverse" a ser uno mismo, con todo lo que esto implica (como los recursos o fortalezas involucrados), la posibilidad de la cautela y la conexión con el agresor es una fórmula más útil para la sobrevivencia en estas situaciones límite.

La genuina curiosidad es un elemento necesario e indispensable para lograrlo, ya que nos puede transportar a la vida del otro para poder mirar con sus propios ojos la forma en que ha construido su realidad, y cómo se ha configurado en la persona que es, y desde ahí es que se hace posible la conexión, la misma que a su vez permite una forma de acercamiento que trae implícita la esperanza tanto de sobrellevar como de salir de una experiencia límite.

Una vida con sentido

Saber que estaría desnuda, bañándome tras una ligera cortina de plástico que separaría mi desnudez del "cuidador", pasó a ser un pensamiento que rápidamente deseché. Si algo me quisieran hacer, no tendrían que esperar a que me bañara; oportunidades no les faltaban ya que finalmente estaba en cautiverio. Y la pregunta "¿qué es el hombre?" volvió a mí. Soy mi cuerpo, pero también mis pensamientos, y son mis pensamientos los que me dan el carácter de humano, ya que la mente resguarda la interioridad. Así que finalmente eso somos, un todo integral: cuerpo, mente, espíritu, emociones.

Y si el cuidador llegara a asomarse, ¿acaso el que me viera bañarme me quitaba dignidad? "No, la dignidad opera a niveles superiores de espiritualidad", pensaba. Yo soy yo con mis circunstancias, pensamientos y sentimientos.

Las creencias y las acciones son interdependientes: nuestras creencias pueden facilitar o limitar acciones, y nuestras acciones y sus consecuencias pueden fortalecer o alterar nuestras creencias.

En la regadera, una vez cerrada la cortina, se hizo presente mi total desnudez en su sentido más literal: el cuerpo tan sólo poseía la existencia desnuda y me preguntaba si quedaba en ese momento algún vínculo material con mi existencia anterior al cautiverio, a la cual no sabía si regresaría alguna vez ni en cuánto tiempo.

Por primera vez desde que fui privada de mi libertad logré abrir los ojos. Al hacerlo, sentí algo indescriptible, una sensación de libertad. Ver, mirar, parpadear simplemente, adquirían también un valor y un significado especiales. Recorrí con la vista toda la regadera, miré hacia arriba. Había un domo de vidrio en la parte alta; en el exterior se elevaba una antena y arriba de ella, el cielo. El día era nublado y gris. Frente a la regadera había una ventana con un papel blanco de flores azules. A un lado, la pared cubierta de azulejos azules con un tinte a "viejo, desgastado"; al otro lado, la cortina verde azulada, y el suelo del mismo tono que los muros. La única posibilidad de mirar al exterior era esa ventana del techo, que nada decía de la ubicación o del lugar en el que me encontraba.

Me bañé percibiendo cada chorro de agua. Me vestí con cierta calma, sabiendo que al correr la cortina tendría que cerrar los ojos nuevamente. Y así, acompañada del sujeto que "me cuidaba" y me esperaba más allá de la cortina verde, regresé a la habitación.

Internamente agradecí el más insignificante de los alivios. El alivio que significaba un simple baño.

Pedí un café con una manzana y un par de rebanadas de queso con jitomate:

—¿No prefiere el queso con pan a manera de sándwich?

—No —respondí de manera enfática.

El pan estaba prohibido en Pésaj, y estábamos en Pésaj, la Pascua judía, que justo se celebraba esos días. ¿Qué significaba? El paso de la esclavitud a la libertad. Cada año, a pesar de que "no seamos esclavos", tenemos la oportunidad de liberarnos de las restricciones que nosotros mismos nos imponemos, y debemos transitar del "no puedo" al "no quiero".

Y en medio de la lucha entre mi libertad y una especie de esclavitud una pregunta vino a mi mente: ¿qué tipo de libertad es la que festejamos? Todo depende. Si definimos esclavitud como un estado en el que no puedo hacer lo que quiero y libertad como el estado en el que puedo hacer lo que quiero, únicamente me queda por definir qué es lo que quiero hacer, para poder ser libre. Todos deberíamos hacernos esa pregunta por lo menos en esta fecha del Pésaj, buscar el tiempo para reflexionar sobre nuestros caminos y situaciones con la intención de no darnos por vencidos, aunque parezca que son muchos los obstáculos. "No le hagamos caso a ese faraón que llevamos dentro de nosotros; él quiere que sigamos siendo esclavos."

Año con año conmemoramos la capacidad de recibir un nuevo grado de libertad responsable, entrando a la esfera del autoconocimiento y la autorreflexión.

Palabras, mensajes, ideas que me movilizaban internamente. Yo, en cautiverio, ¿tendría la oportunidad de vivir un proceso de liberación? Por entonces sólo contaba con mi libertad interior.

Nuestros sabios dicen que el faraón utilizó dos grandes métodos para obstaculizar el desarrollo de cualquier persona, para destruir la moral y la espiritualidad del pueblo de Israel:

1. No pienses mucho. Y les aumentó el trabajo de manera que no tuvieran tiempo de pensar, de profundizar sobre cuál era la situación en que se encontraban y cuál el camino que debían seguir.
2. No vale la pena. Cada vez que Moisés le explicaba la importancia y el deseo de nuestro creador de llevar al pueblo de Israel al Monte Sinaí para recibir la Torá, el faraón le hacía ver una serie de obstáculos (de acuerdo con sus conocimientos de astrología) que harían difícil o imposible, para los judíos, sobrevivir en su viaje por el desierto.

Finalmente, los judíos salieron de Egipto después de haber sido esclavos; fueron guiados por Moisés durante 40 años en el desierto, hasta llegar al Monte Sinaí, donde Dios les entregó la Torá, guía de vida con normas que regulan las relaciones del hombre con Dios, con su semejante y con la naturaleza; normas de absoluto contenido ético que al ser aplicadas dan al hombre el verdadero sentido de libertad.

Este concepto de libertad se reafirma cada año entre los miembros de toda familia judía; niños y adultos, alrededor de la mesa, recuerdan esa historia con la lectura de la Hagadá[1] y con la ingestión de alimentos que evocan los elementos esenciales en el proceso del tránsito a la libertad responsable: hierbas amargas, que simbolizan penas; agua salada, lágrimas; matzá (pan ácimo), abstención de los placeres; carne, que recuerda el cordero, símbolo del sacrificio al que uno debe estar expuesto; vino, que implica la celebración de la libertad. Las cuatro copas: cárcel, enfermedades, cruzar el mar y atravesar el desierto se relacionan con las cuatro expresiones de augurios de salvación. Está escrito en el Talmud (tratado de las Berajot): "Cuatro son los que deben gratitud a Dios, el que sale libre de la cárcel, el que sana de una enfermedad, el que llega a salvo de un viaje y el que atraviesa el desierto".

El pueblo hebreo experimentó estas cuatro situaciones: fue protegido, por milagro de Dios, de las pestes y males que azotaron a los egipcios; fue liberado de la esclavitud y prisión de Egipto; cruzó a salvo el Mar Rojo y atravesó sin peligros el desierto. Por todo ello, y en señal de gratitud, brindamos en cuatro ocasiones durante el Séder.

Y yo, que estaba atravesando por mi propio desierto, me preguntaba, ¿sería un viaje tan largo como el de los judíos hasta llegar a la Tierra Prometida, que para mí era mi casa?

---

[1] La Hagadá es el relato de la historia de esclavitud de los hebreos en Egipto y de su salida hacia la libertad y hacia la Tierra Prometida.

Pero nada rompe más a un ser humano que la falta de sentido en lo que hace. Cuando el pueblo de Israel pidió salir, el faraón los hizo trabajar aún más; tuvieron entonces que juntar la paja, además de seguir con su cuota de ladrillos. ¿No hubiera sido más productivo para el faraón aumentarles únicamente la cuota y tener más productividad? La respuesta es "Avodat Parej" (trabajo sin sentido). El faraón los forzaba a construir ciudades sobre la arena para destruirlas y obligarlos nuevamente a construir. Él sabía que la falta de sentido en lo que uno hace rompe su espíritu. Es exactamente de esta Avodat Parej de la que nos liberó Dios al entregarnos la Torá. Darle sentido trascendental a todo lo que hacemos en nuestra vida es la gran celebración de Pésaj. La pregunta que me surgía era: ¿cómo podría yo darle sentido a esta experiencia de cautiverio?

No comer pan, característica esencial del Pésaj, parecía ser lo único que podría hacer para cumplir con alguna de las normas.

Si mi lógica, aunada a mi deseo y esperanza, servía de algo, yo tendría que estar fuera de aquí antes del próximo martes en que terminaría el Pésaj, de otra manera el significado de libertad enaltecido a través de esta fiesta se convertiría en un verdadero mito para mí el resto de mi vida.

Era la primera vez que no estaríamos juntos en estas celebraciones. Pero tenía la esperanza de que el siguiente año lo estuviéramos. ¿Cómo pasaría Abraham estas noches del Séder de Pésaj?

> Esa noche todos se fueron a casa de mis padres a celebrar la festividad del Séder. ¿Cómo tenían la disposición de reunirse en un evento festivo? En casa nosotros no tuvimos Séder, no

> hubo relato de la Hagadá por primera vez en toda nuestra vida. Esperábamos cualquier cambio, llamada, señal, lo que fuera. Yo me sentía paralizado y mi único objetivo era tener la sabiduría y la claridad necesarias para negociar la libertad de mi esposa. Finalmente, me parece que desde distintas trincheras Shuly y yo rumiábamos lo mismo. ¿Cuál era el siguiente paso?

Recuerdo cuando en un taller sobre trauma me hicieron precisamente esa pregunta: ¿en qué pensaba o qué sentimientos y emociones evocaba ahí adentro para estar tranquila y esperanzada?

Para ser franca, no había pensado en esto hasta que me hicieron esa pregunta, pero no fue difícil encontrar la respuesta: tener una vida con sentido, en lo personal, familiar, social, profesional. Retos por conquistar, sueños futuros…

Sí, ésa era la herramienta o el recurso, tener una vida a la que uno quisiera regresar. Hoy pienso que una vida sin sentido no vale la penar vivirla.

Y para encontrar una forma de amor y de reencuentro con uno mismo dentro de una situación impregnada de desesperanza, regresar a tu vida anterior, a tu historia, y evocar recuerdos es una excelente forma de no perder el sentido, avivar el ánimo y tener unos instantes de remanso de paz.

Capítulo 5

MIS RECUERDOS
Ancla de esperanza

La vida no es lo que uno vive,
es lo que recuerdas y cómo
lo recuerdas para contarla.
GABRIEL GARCÍA MÁRQUEZ

La parte más importante de un recuerdo son las emociones que traen consigo. Un olor o sabor te evoca un momento concreto del pasado.

Todos los recuerdos llevan consigo una o varias emociones asociadas. Los que vienen con las más potentes, miedo, asco, ira, tristeza, nostalgia, felicidad, etc., son los que más perduran en nuestra memoria. Son precisamente las emociones las que consiguen que aprendamos de nuestras experiencias y vivencias para que, en el futuro, sepamos tomar las decisiones que nos van a provocar un estado emocional más placentero.

¿Es posible recordarlo todo?

Recordarlo todo es imposible, ya que nuestra memoria no funciona como una cámara de video infinita. De ser así, nos sería muy difícil tomar decisiones con rapidez y viviríamos con una "mochila" emocional demasiado compleja como para ser operativa. Recordamos muchas cosas, y la mayoría de ellas nos vuelven a la memoria al enfrentarnos a una situación concreta.

Por ello, ***nuestra memoria es selectiva***, y pesa más el aprendizaje que extraemos de nuestros recuerdos que el recuerdo en sí. Esto hace que aprendamos a diferenciar entre lo que nos hace sentir bien y lo que nos hace sentir mal, y a elegir siempre el camino que nos lleve a sentirnos mejor.

Pasado, presente y futuro son tiempos separados por lo que pasó, lo que pasa y lo que pasará; y los recuerdos, el puente que los une.

Dentro de una experiencia traumática prolongada, como es un secuestro, hay mucho tiempo para pensar y sentir, lo que resulta difícil es precisamente conectarnos con nosotros mismos para lograrlo debido al estrés en el que nos encontramos, por lo que viajar hacia nuestros recuerdos resulta ser no sólo una forma de "apaciguar" el inminente miedo que resulta de lo incierto, sino una manera de contenernos, encontrar amor, bienestar y un aparente "remanso de paz".

La festividad de Pésaj era, desde muy pequeña, la que más disfrutaba entre todas las festividades judías. Me gustaba mucho escuchar la lectura de la Hagadá en casa de mis abuelos. Estar en cautiverio en estos días me resultaba una enorme contradicción a la que no encontraba lógica ni explicación. Considerarme un ser libre, una mujer que se pertenece a sí misma y por ende es dueña de sus decisiones, ha sido desde muy joven una forma de mirar y mirarme, de vivir y vivirme, siendo antes que nada fiel a mí misma.

Al respecto, coincido con quienes mantienen la creencia de que toda vida, la humana incluida, surgió de hechos aleatorios; que somos criaturas finitas que por mucho que lo deseemos no podemos contar con nada más que con nosotros mismos para protegernos, evaluar nuestra conducta y vivir con sentido. No tenemos un destino predeterminado y cada quien debe decidir cómo vivir su vida de la manera más plena, feliz y colmada del sentido que le sea posible.

Algunos podrán considerar que ésta es una visión sombría de las cosas, pero no es así. Si es cierto el supuesto de que la facultad que nos hace humanos es la mente racional, entonces debemos perfeccionarla. Por eso es que las visiones religiosas ortodoxas basadas en ideas irracionales, como los milagros, siempre me han desconcertado. En lo personal, soy incapaz de creer en algo que desafía las leyes de la naturaleza.

Y mientras estos pensamientos me permitían poner distancia de mi situación de cautiverio, Abraham en casa no podía poner esa distancia.

> De nuevo entró la esperada llamada. El Jefe preguntó por la cantidad reunida; antes de decirla, le pedí permiso para comentarle lo complicado que había sido, en plenas vacaciones, conseguir dinero. Afortunadamente logré que me escuchara por unos segundos. Respondió que no era suficiente y que más me valía llegar a lo que él pretendía. Mañana hablaría de nuevo. Al colgar me dejé caer como un costal de papas sudando y con taquicardia, pero con ánimo para seguir adelante, siempre con mi asesor a mi lado desmenuzando cada palabra y pensando cómo responder y qué palabras usar la siguiente vez.

> Mientras esto sucedía en mi recámara, en el resto de la casa, y por fuera, amigos y familiares continuaban consiguiendo dinero; otros trataban de acompañar y calmar a mis papás y suegros, y otros, muy cerca de mis hijos, pendientes de cómo estaban y qué sentían. Al caer la noche los familiares se fueron al segundo Séder tradicional. Al final del día mis hijos se acercaron para darme un abrazo que expresaba lo más importante para mí en un lenguaje que sólo nosotros entendíamos.

—Por cierto, hablé con su marido —dijo bruscamente el Jefe, entrando sin siquiera tocar la puerta e interrumpiendo mis reflexiones; el estómago se me retorcía y el corazón me latía a tal velocidad que sentía que iba a salírseme del cuerpo cada que vez que decía: "Hablé con su marido".

—¿Y qué dice? —le pregunté con ansia y desesperación.

Una risa y un tono irónico acompañaron su relato:

—Que no tiene, que no junta, que los amigos no están cuando uno los necesita, que la familia… y me habla y me habla, y simplemente me entretiene, pero nada. Por cierto, es muy buena gente su marido, igual que usted; muy decente, tranquilo, controlado, pero… ya me voy, quedé de volver a llamarle a las seis de la tarde; tal vez si le mando un "recuerdito", como un dedo de su esposa, reaccione, porque lo siento demasiado tranquilo.

Tuve la sensación de que entre el personaje que se encontraba frente a mí en esos momentos y aquel con el que había platicado horas antes no había ninguna relación. Como si éste no recordara la conversación de psicología y de inteligencia emocional.

—¡Niño! —le gritó al sujeto que me cuidaba, pero con esa misma palabra se refería a todos los que estaban en la casa—. Quiero este cuarto bien limpio. Cambien las sábanas y toallas. Regreso después —y con un portazo abandonó la habitación.

Me quedé helada. Había oído que cortar dedos es una de las prácticas más comunes de los secuestradores. ¿Sería cierto o se trataba de una simple amenaza? ¿Qué tan en serio debía tomar su comentario? Me vi la mano a través de una hendidura, extendí mis 10 dedos y los miré uno a uno. Nunca los había apreciado y querido tanto. No muy lejos, el sonido de… ¿un serrucho? Con él hacían algo en el piso de abajo. ¿Usarían ese mismo instrumento para cortarme algún dedo? Y si así fuera, ¿qué dedo estaba dispuesta a perder?

Recorrí todos mis dedos, uno por uno, a la vez que pensaba y hablaba internamente con cada uno de ellos: del pie ninguno, temía perder el equilibrio y mucho peor aún no poder volver a correr; de la mano derecha ninguno pues soy diestra, y en ese momento pensé en el dedo meñique de la mano izquierda; tal vez pudiera pedir que al menos se me concediera el derecho de elegir qué dedo estaba dispuesta a perder.

El esfuerzo por concentrarme en "salvar el pellejo" me conducía a alejar de mi mente cualquier cosa que me apartara de ese supremo y único objetivo —ésa es una de las principales características de la psicología de quienes están en cautiverio—. En ese empeño el día se me alargaba, parecía no llegar a su fin y una apatía generalizada por todo lo que me rodeaba comenzaba a invadirme y desembocaba en una incontrolable añoranza por mi hogar y mi familia. La nostalgia me invadía, pensé en mis hijos, cada uno con sus características particulares de personalidad, que serían decisivas en la forma de enfrentar el secuestro de su madre. Los imaginaba y recibía su mirada cálida y franca. En mi mente aparecía la imagen de Abraham, mi esposo, con asombrosa precisión y, finalmente, la de mis padres. ¿Cómo sería para ellos la vivencia del secuestro de una hija? Olvidándome por un instante de la cruda realidad de la vida en cautiverio, decidí recordar momentos de convivencia con todos y cada uno de ellos, juntos, en familia. "¿Será que no volveré a verlos? —me preguntaba—, ¿será que lo vivido hasta ahora es, fue, y ya todo concluyó?"

Y me parece que es en este estado de nostalgia que uno comprende la verdad escrita por tantos poetas y filósofos acerca de que el amor es la meta última y más alta a la que puede aspirar el hombre. Supe cómo un ser humano, despojado de todo, puede saborear la felicidad por instantes si contempla el rostro de sus seres queridos. Y supe que aun sin la posibilidad de expresarme a través de acciones concretas, con el único horizonte vital de soportar con dignidad el sufrimiento, era dueña de mis memorias, de mis imágenes, de mis sentimientos y recuerdos. Esa intensificación de la vida interior me defendía de la desolación y me permitía evadirme, refugiándome en mi vida pasada. Al dar rienda suelta a la imaginación, ésta se recreaba en sucesos del pasado, los más simples y cotidianos. La nostalgia los transformaba y adquirían un matiz especial. Con frecuencia esos recuerdos se concentraban en pequeños detalles hogareños con tanta precisión que casi me hacían llorar.

Sin saber cómo ni por qué, mi mente se trasladó a otro paralelo. ¿Qué pasaba en mi casa? ¿Qué pasaba con lo que debería ser mi vida y cada una de las citas a las que dejé de asistir? ¿Qué habrá pensado la gente? ¿Qué explicación estará dando mi familia sobre mi ausencia? ¿Se le habrá ocurrido a mi marido o a alguna amiga revisar mi agenda y cancelar mis citas?

Y mi mente viajó a Israel, "la Tierra Prometida", donde se encontraban mis hermanos frente al famoso muro de los lamentos, el Kotel, celebrando el Bar Mitzvah de mi sobrino, su iniciación como hombre al judaísmo, todos juntos en familia... y yo ahí, muy lejos, con la imposibilidad de hacerles saber dónde y cómo estaba, para que pudieran rezar por mí en el lugar más sagrado del mundo, o introducir un "papelito" dentro del muro, como es costumbre, para pedir un deseo por mí, por mi liberación, y en fin mi libertad.

De vez en cuando intentaba hacerle plática a "mi cuidador"; quería y necesitaba saber cómo se configuraba el mundo, la psicología y la mentalidad de este hombre. Con su voz serena y educada me respondía lo mínimo. Le pregunté de dónde venía, cuál era su historia.

A los dos meses de nacido transitaba en un carro con sus padres por un camino de terracería, cuando un tráiler resbaló y les cayó encima. Sus padres murieron instantáneamente; él quedó vivo. Lloró hasta ser rescatado, días después, por quienes venían a llevarse el carro en calidad de chatarra. Nunca se enteró si tenía familiares, abuelos, tíos. Vivió con una familia que ya tenía otros hijos, precisamente los que fueron a recoger la chatarra. En un principio fue maltratado, golpeado; con el paso del tiempo, sin embargo, logró ir ocupando un lugar.

Ahora se sentía muy agradecido y contribuía al mantenimiento de la casa.

—¿Entonces, por qué te dedicas a esto? —le pregunté en tono atrevido, pero cuidadoso.

—No lo sé, era como una necesidad de independizarme. Espero no hacerlo por mucho tiempo más.

"¿Cómo es que se construyen las historias de vida?", me preguntaba al escucharlo, quizá lo que él necesitaba era un cambio radical de actitud. Más que esperar algo de la vida, ¿qué tal si la vida esperara algo de él? "Vivir —pensé— significa asumir la responsabilidad de encontrar la respuesta a las cuestiones que la existencia nos plantea, cumplir con las obligaciones que el día a día nos exige, en cada instante en particular." Estas obligaciones y tareas varían de un hombre a otro, de un momento a otro, de manera que resulta imposible definir el sentido de la vida en términos abstractos. *Vida* no significa algo vago, sino un acontecimiento real y concreto que conforma el destino de cada hombre, un destino único, singular. En consecuencia, ningún ser humano ni ningún destino pueden compararse; tampoco se repite ninguna situación, y cada una, por consiguiente, reclama una respuesta distinta. Una situación, en ocasiones, puede exigirle a un hombre que construya su destino realizando determinado tipo de acciones; en otras, le reportará mayor beneficio dejarse llevar por las circunstancias, contemplarlas, meditarlas y entresacar los valores pertinentes. ¿O será que la existencia demanda que el hombre sencillamente acepte su destino y cargue su cruz? No, siempre habrá una posibilidad de contarnos la historia de otro modo.

Como terapeuta, también me preguntaba la forma en que estos hombres dedicados al secuestro (privando de la libertad a otros sin importar las consecuencias que este acto pudiera tener sobre su propia vida) habían construido su sistema de creencias. Y si trabajara con ellos en el desarrollo de significados alternativos y nuevos relatos sobre sus propias vidas, más esperanzadores y positivos, en lugar de narraciones saturadas de problemas, ¿podrían cuestionarse sus valores, convicciones, actitudes, tendencias y supuestos, para formar un conjunto de premisas básicas que desencadenaran reacciones emocionales para reorientar sus acciones?

Consideraba que sí era posible, pero la idea de salir cuanto antes irrumpía en mi mente a cada instante.

—Y dime, si esto fue un error, ¿no puedes ayudarme a que me vaya mañana? —le suplicaba.

—Sí —me respondió—, de hecho ya lo comenté con los demás y vamos a hacer lo posible.

¿Le creeré? Así lo hice, al menos por algunas horas. Creerle me ayudaba, o más bien, la pregunta habría sido: ¿de qué me serviría no creerle?

Hacerlo me hacía sentir menos vulnerable, consolidaba mi fuerza interior, ayudaba a aumentar mi grado de conciencia y concentración, hacía que mi ansiedad disminuyera para tener la lucidez suficiente de negociar mi vida "desde adentro".

Siempre me ha parecido que nos movemos por intereses, y yo tenía un interés particular en creerles... creer... no creer... ¿Tendrá acaso que ver con nuestra capacidad de sobrevivencia?

Ahora bien, creer tampoco puede ser un acto ingenuo, es más bien como si se tratara de una hipótesis: circunstancias y hechos aportan datos para aceptarla, desecharla o ascender a otro plano del creer.

Es importante creer en algo, pero sobre todo en nuestra capacidad de remontar situaciones adversas.

Hoy creo firmemente que lo que nos define no es lo que nos pasa sino lo que hacemos con lo que nos pasa, "porque únicamente 10% es lo que nos pasa y 90% es lo que hacemos con lo que nos pasa". Me queda claro que aunque quisiéramos no podemos borrar lo vivido, pero sí podemos hacernos responsables de la forma en la que trabajamos, elaboramos y resignificamos nuestra experiencia, para poder acomodarla en nuestro interior.

Como terapeuta experta en estrés postraumático considero que la finalidad del trabajo con experiencias límite, radica en poder acompañar a los pacientes, no sólo a acomodar lo vivido, sino a resignificar su vivencia para que, lejos de dejar secuelas físicas o emocionales paralizantes, pueda convertirse en una opción que vaya desde cuestionar el sentido de la vida, hasta transformarse en una oportunidad de crecimiento.

Considero que una forma de que el dolor y el sufrimiento tengan un sentido es cambiando nuestras creencias y discursos acerca de lo que vivimos, y lejos de quedarnos en una postura de víctimas, podremos trascender hacia horizontes más sabios y elaborados que nos permitan crecer, borrar resentimientos, encontrar el "para qué" en vez del "por qué" y aportar nuestro aprendizaje para crear una sociedad más consciente y dejar un mundo mejor para nuestros hijos.

Las horas pasaban. El Jefe no llegaba. Era de noche. No había llamado, no tenía noticia alguna de cómo iban las negociaciones. Sólo sabía la forma en que yo me encontraba, y otra noche más me atemorizaba. No dormir, viajar con la imaginación tan lejos como ésta me permitiera tenía sus riesgos.

Me parece, de pronto, que estoy relatando los acontecimientos con demasiada rapidez; psicológicamente se produjo un largo proceso, muy largo y lento, desde el día de mi captura hasta aquella segunda noche de cautiverio.

Mientras yo esperaba noticias sobre qué había dicho Abraham, él esperaba las llamadas del jefe de la banda:

> La siguiente llamada fue básicamente lo mismo: yo subí la cantidad, expliqué lo más detalladamente que se me permitía todo lo que hacía para darle lo más posible. Esta vez la respuesta fue rápida y contundente:
>
> —No estamos avanzando y así no se va a resolver nuestro asunto. Te llamo en la noche, y si no me das lo que pido, lo lamentarás.
>
> Tuve miedo. Me sentí muy inseguro de mi actuar; hablando con Óscar acordamos que en este binomio dinero-tiempo teníamos que mejorar la oferta de acuerdo al paso de las horas, que se reducían, pero no sabíamos aún de cuánto tiempo disponía el Jefe.
>
> Al fin llegó la esperada llamada. Aumenté la cantidad con muchísimas explicaciones. Me interrumpió. Su voz era completamente diferente, parecía drogado o borracho. Fue más violento en sus amenazas, dijo que de cualquier forma lo iba a lamentar por mi actitud, que esto me iba a deshacer económicamente por completo, que no quería a mi esposa, que

> iba a perderlo todo y de eso él se encargaría. Lo repitió una y otra vez. Yo traté de que entendiera que sí la quería y que le daría todo por recuperarla, a lo que me contestó que hablaría al día siguiente como última oportunidad.
>
> Me quedé temblando como nunca antes. Creo que fue el peor momento, ya que sentí que no me enfrentaba a un hombre de negocios buscando el mejor trato, como creía, sino a un loco drogado, capaz de hacer una barbaridad por capricho o rencor sin importar nada.
>
> Mi asesor opinó lo mismo y agregó que sería mejor que descansara para estar listo para el día siguiente, esperando que bajara el efecto de la droga para reanudar la negociación. Mis hijos entraron al cuarto y me abrazaron, otra vez en silencio. Era mi mejor medicina.

Por su parte, Isaac cuenta:

> Papá no se desahogaba, pero en las noches nosotros tratábamos de ser muy cariñosos; recuerdo cómo "chocábamos las cabezas", muy amorosos. Papá aparentaba estar bien por fuera, pero por dentro estaba mal.

Ya tarde, cerca de las 11 de la noche según mis cálculos, tocaron en la habitación y se abrió la puerta. Sentí un nudo en la garganta y una opresión en el pecho, mi ritmo cardiaco se aceleraba. No alcancé a escuchar lo que susurraban entre ellos. Hablaban muy despacio, pero oí ruido, movimientos extraños, ¿el de un plástico que introducían? Sentí cómo el sujeto que me cuidaba salía.

—¿Qué hora es? —pregunté en voz baja.

—Muy tarde, como la una de la mañana.

Sabía que era mentira.

—¿Ya llegó la persona? —pregunté refiriéndome al Jefe.

—¿Cuál persona? —me respondió una voz sarcástica y agresiva.

Era él mismo, el Jefe, pero bajo el efecto de una droga. Debía callarme. Escuché cómo se drogaba. Oí el ruido de las jeringas, de las ligas. Pude sentirlo, olerlo, escuchar sus gemidos.

No tenía miedo, tenía pánico. Volví a sentir cómo mi corazón se salía de mi cuerpo. ¿Acaso iba a quedarse en mi habitación toda la noche? Escuchaba sus respiraciones. No logré conciliar el sueño. Afuera llovía. Los truenos daban un toque macabro a esta terrible experiencia en que mi vida y mi integridad se veían amenazadas a cada instante.

Decidí girarme hacia la ventana. Finalmente escuché los ronquidos del Jefe en el lado opuesto de la habitación y abrí los ojos, lista para taparme la cara si los gemidos y ronquidos dejaban de escucharse. No me atrevía a darme la vuelta para verlo. Ningún ruido del exterior me daba alguna señal del lugar en el que estaba. ¿Cómo encontrar alguna pista? ¿Sería capaz de levantarme, acercarme y ver a través de la ventana? ¿Y si este sujeto se despierta y por un segundo de curiosidad tengo terribles consecuencias? Mi mente se encontraba más cerca de la locura que de la congruencia y el control.

La fase de apatía se generalizaba y se intensificaba con la fuerte repugnancia ante la fealdad que me rodeaba. Llegué a pensar en escaparme. Recordé todas las películas de secuestros, asesinatos, huidas. Caminar cautelosamente hacia la puerta, que desde la cama en que me encontraba se veía relativamente cerca, abrir sin hacer ruido, descender por las escaleras, llegar a la calle y comenzar a correr, lejos, lo más lejos posible, correr, correr y correr a toda velocidad, buscar un teléfono y hablarle a Abraham. Repetía las palabras que iba a decirle acompañadas de esta secuencia que me llevaría a ser libre de nuevo. Era arriesgado, pero tal vez valdría la pena. Ahorraría tiempo y dinero. Además, me imaginaba a todos durmiendo tranquilos, sin pensar que una mujer tuviera el valor de escapar. Esta idea permaneció poco tiempo, ya que, a pesar de ser una mujer atrevida, tal vez retadora e incluso rebelde, la cordura acompañaba siempre mis decisiones cruciales. Portarme bien y obedecer me había servido hasta este momento. Era mejor continuar de la misma forma.

"¿Carece el hombre de la capacidad de decisión interior cuando las circunstancias anulan o limitan la libertad de elegir su comportamiento externo?", me preguntaba. No me respondí: el hombre que mantiene su capacidad de elección puede conservar un reducto de libertad espiritual, de independencia mental, incluso en aquellos crueles estados de tensión psíquica y de indigencia física.

Al ser humano se le puede arrebatar todo, salvo una cosa, "la última de las libertades humanas —la elección de la actitud personal que debe adoptar frente al destino— para decidir su propio camino". Esta forma de pensar coincidía con mi sentido de la vida.

Y también coincide con mi trabajo terapéutico cuestionando a mis pacientes sobre el sentido de su vida y de cada una de sus experiencias para poder entender no sólo su presente sino la proyección de su vida futura.

Y de nuevo el recuerdo de la celebración del Séder de Pésaj, que se celebraba justamente esa noche. Yo solía hacerlo en mi casa. Recordaba la escena de la familia sentada a la mesa, leyendo la Hagadá. Recorrí dentro de mí todos los Séders anteriores, desde niña, en casa de mis abuelos, en casa de mis padres, siempre con invitados interesantes, y ya de casada con mis hijos pequeños. Recordaba la ilusión que les hacía abrir su Hagadá, hecha especialmente para ellos con figuras de plastilina; así podían ir recorriendo toda la historia del Pésaj, la historia del pueblo judío. Rememoré también cuando mis hijos crecieron y rezaban junto a su padre y su abuelo. ¿Volvería a estar con ellos el año entrante en el Séder de Pésaj? Me gobernaba una implacable incertidumbre, ya que la única verdad era que estaba en cautiverio mientras todos los judíos en el resto del mundo festejaban con sus familias la salida de Egipto, ¡el paso de la esclavitud a la libertad!

Capítulo 6

LA EXISTENCIA SE VOLVÍA INCIERTA
No somos receptores pasivos ante la adversidad

Cuando creas que todo se vuelve contra ti, no te muevas y echa raíces como si fueses un árbol, hasta que se abra un claro y logres ver lo que hay del otro lado del muro.
CARL JUNG

Como mecanismo de defensa, otra de las respuestas psicosomáticas de quienes están en cautiverio es la falta de sueño.

Tres, cuatro, cinco de la mañana... fue la última hora que escuché en la radio antes de dormitar un rato. A las ocho escuché esa voz de nuevo, la que me daba paz y tranquilidad, en medio del caos por el que atravesaba. Oí al Jefe salir y decir:

—Me voy a dar un baño.

La sensación de peligro, por lo menos por ahora, había pasado. Me pareció que un pequeño atisbo de luz brillaba ahora en medio de la oscuridad.

El despertar era, con mucho, el más terrible momento de la vida en cautiverio.

—No dormiste aquí —le dije a mi cuidador—; te fuiste sin avisarme.

—Sí —me respondió molesto—, pero debía descansar y dormir.

—Me dijiste que no te separarías de mí hasta que saliera de esta horrible casa, y lo hiciste; yo confiaba en ti y por ahora dejaré de hacerlo.

Hubo un silencio prolongado.

Tal vez mi atrevimiento era innecesario, pero me sentía con el derecho de pedir "un poco" de justicia y respeto a lo que habíamos acordado: él no iba a separarse de mí. De pronto recordé que la noche anterior nada supe del estado de las negociaciones.

—¿No sabes qué pasó con la llamada de anoche a mi esposo?

—No —me respondió—, fíjate que no.

Mi incertidumbre crecía, acompañada de una creciente desesperanza.

Era mi tercer día. ¿Cuántos más serían? La fuerza y el ánimo querían abandonarme, ya que a pesar de que me repetía que todo el proceso sería rápido, que no duraría tanto, cuando estás ahí sentada, sin poder ver, tan sólo pudiendo caminar desde la silla a la cama y viceversa, o de la cama al baño (en que caminaba ocho o 10 pasos), es cuando valoras tu libertad no sólo interna, sino física, esa libertad que te permite ir y venir por la vida.

Entonces me atreví a pedir que me llevaran a pasear al parque. La respuesta fue una obvia negativa, pero el captor agregó que nadie le había hecho una petición como ésa.

¿Volvería a ver a mi familia, a mis hijos, a mis amigos? La perseverancia, una de mis características más fuertes de personalidad, debía ser reactivada. Esa capacidad de luchar frente a una adversidad abrumadora es un elemento clave en la resiliencia para la sobrevivencia... determinación de perseverar, seguir intentando, una y otra vez, hacer algo desde adentro.

Luchaba por reanimarme, por recobrar fuerzas. ¿Bañarme? ¿Pedir algo de desayunar? ¿Tratar de dormir un poco porque el cansancio se acumulaba dentro de mí? La entrada del Jefe interrumpió mis pensamientos.

—Ayer por la noche no volví a llamarle a su esposo, para que "se espante un poco" y a ver si así reacciona, porque esto va demasiado lento y se nos va a agotar el tiempo.

¿Qué querría decir con eso de "se nos va a agotar el tiempo"? Decidí no preguntar.

Imposible predecir cuándo y cómo terminaría aquella situación, en el caso de que tuviera fin. El vocablo latino *finis* posee dos significados: final de un proceso y meta a alcanzar. Me sentía incapaz de vislumbrar el fin de mi existencia. ¿Orientarme hacia un objetivo o una meta vital? A diferencia de la psicología de un hombre dentro de una situación normal o cotidiana, para quien está en cautiverio no es tan importante el futuro como su conducta en el presente. Sin embargo, la percepción del tiempo cambia radicalmente. Un día, por ejemplo, con sus continuas incertidumbres y tormentos, parecía no acabar nunca; una semana o la suma de los tres días que llevaba en cautiverio transcurrían con mucha rapidez. ¿Será que los días duraban más que la semana?

Me debatía entre la violencia emocional de la que era objeto y un intento por ser fuerte. La voluntad es un elemento clave en la resiliencia; hacer algo desde adentro, algo que marcara una diferencia, algo que a la vez fuera parte de un todo integral, es decir, que aunado a lo que mi esposo y seres queridos hicieran desde afuera, funcionara como si fuéramos una especie de equipo. Este pensamiento era un ir y venir que sin dejar de ser un deseo, se mezclaba con una falta de confianza para marchar con ecuanimidad sobre el proceso, ya que empezaba a surgir en mí un cierto desvanecimiento de la fe.

La lógica de Dios me era incomprensible, ya que el haber estado "en el lugar equivocado a la hora equivocada" machacaba mi alma. ¡Y justo en la semana en que celebramos el paso de la esclavitud a la libertad! Era una especie de ruido, tal vez más que eso: una sensación que me enojaba y me alejaba de esa imagen suprema a la que muchos le estarían rezando y a la que yo no encontraba la forma de acercarme.

Entonces decidí convocar a mi gente. Siempre he estado rodeada de amigos, familia, colegas; son mis mayores tesoros. Pensé profundamente en todos, escuché sus voces y sentí que estaban sentados a mi lado. Figuras que a lo largo de mi vida me han aportado, acompañado, servido de ejemplo: mis padres, mis hermanos, mi esposo, mis hijos, amigos, colegas, con los que he compartido momentos, y más que instantes, una vida. Recordé sus consejos, sus palabras, nuestros momentos vividos.

De nuevo los recuerdos surgían como fuente de energía y contención. Mi mente se trasladó bruscamente al Holocausto.

Podemos trascender las limitaciones de nuestras situaciones particulares mediante los ejemplos positivos de otros que conforman un modelo de resiliencia y nos inspiran para tener fuerza y alcanzar el éxito. Más allá de los límites impuestos por el mundo cotidiano, los relatos de vida de hombres y mujeres de valor y logros elevados que superaron la adversidad pueden servirnos de estímulo.

Relatos, recuerdos, ideas y pensamientos venían a mi mente, formas de actuar ante la crisis y la adversidad; en diversos testimonios sobre la experiencia del Holocausto, se atestigua la importancia de la memoria y la narración: la memoria es una pasión no menos poderosa y penetrante que el amor. ¿Qué significa recordar? Significa vivir en más de un mundo, impedir que el pasado se desvanezca y convocar al futuro para que lo ilumine.

"Los sobrevivientes sólo tienen palabras, palabras pobres e ineficaces con las cuales defender a los muertos. Algunos de nosotros entretejemos estas palabras en cuentos, relatos y alegatos por la memoria y la decencia. Es todo lo que podemos hacer, por los vivos y por los muertos."

Palabras, historias, relatos, era el momento de evocarlos... la memoria, con todo, nos pertenece, configura, forma; sin ella, cabe preguntarse si existe el ser.

Una buena parte de mi familia pereció en el Holocausto. ¿Qué pudo haber marcado la diferencia entre los que sobrevivieron y los que murieron? Esa pregunta me la había hecho con profunda intriga desde pequeña. Recordaba las historias relatadas por mis abuelos y mis bisabuelos. Historias de sobrevivencia o de anticipación del antisemitismo, del que huyeron a tiempo. Memoria y recuerdo eran mis mejores aliados para generar recursos.

En una ocasión le hice la misma pregunta a un sobreviviente del Holocausto, con quien tuve la oportunidad de conversar en un viaje denominado La Marcha de la Vida, que realicé por los campos de concentración: ¿cuál cree que fue la diferencia entre los sobrevivientes y los que, desafortunadamente, no sobrevivieron? Dijo que me contestaría con una simple anécdota: "En una ocasión, yo tenía 14 años de edad, nos formaron a todos los jóvenes en una fila, dentro del campo de Auschwitz, y nos preguntaron: ¿quién de ustedes sabe trabajar en estas sofisticadas máquinas para hacer zapatos? Sólo yo levanté la mano. Nunca volví a ver a mis amigos".

Lo pusieron a trabajar en una fábrica de zapatos. Obviamente nada sabía, pero la esencia de la anécdota es: ¿qué hizo que él levantara la mano? Se lo pregunté. Un instinto de supervivencia. Sí, ¿pero de qué está hecho ese instinto? De atrevimiento. De atreverse a hacer algo diferente.

> Cuando ya no podemos cambiar la situación, nuestro reto es cambiarnos a nosotros mismos.
>
> VIKTOR FRANKL

Probablemente el impulso de la vida hace algo parecido con las configuraciones bioquímicas en la búsqueda de permanencia. ¿Las moléculas en interrelación contienen energía? Si es así, quizá la cualidad de esa energía sea ir de frente, hacia delante; si nuestra hipótesis fuera cierta, mientras exista energía, la vida tratará de permanecer, aunque el para qué es asunto de la inteligencia, de la voluntad; responsabilidad y libertad.

Sus palabras resonaban en mi interior. Tenía que atreverme… ¿A qué? A relacionarme con ellos, a cuestionarlos (con sumo cuidado y respeto), a no mirarlos como monstruos (eso me alejaba), a comprometerme con mi historia, a evocar todas las figuras de mi familia, de mi pasado, que lo supieron hacer y gracias a ellos me encontraba yo viva. Recordé a mi madre, su capacidad para relacionarse y su habilidad para conectarse desde la empatía, lo mismo con los habitantes de las ciudades perdidas que con los empresarios más exitosos.

Debía "contagiarme" de su fortaleza y del atrevimiento de todos mis antepasados, recordando que a pesar de la malicia de los secuestradores, yo tendría que encontrar la forma de manejarme frente a ellos. Aún contaba con mi libertad interna, la misma que no podía ser cuestionada, así como con la claridad de mi modo de pensar, la capacidad de estar alerta a todo.

Acompañada de estas anécdotas y de "mi gente" me dirigí de nuevo al Jefe:

—No creas que mi esposo está inventando —me atreví a decirle— o no queriendo pagarte; seguramente no ha podido juntar la cantidad que le estás pidiendo; es un hombre honrado y, si le crees y me dejas ir, la próxima vez te irá mejor. En mi trabajo terapéutico yo no tengo una cuota fija, cobro dependiendo de las posibilidades de mis pacientes; no puedo negociar con el sufrimiento, es por esta razón que a lo largo de los años he comprobado que cuando alguien necesita ayuda, y no puede pagar, si yo creo y confío, ya vendrá otro que me pague el doble. Es la ley de la vida, cuando uno sabe dar y conceder, recibe más; así que si me dejas ir, seguramente el siguiente será un "pez gordo".

El Jefe me miró y con una sonrisa que pude imaginar perfectamente, pues los ojos vendados me impedían verla, dijo:

—En serio que eres una mujer muy especial; no sólo atrevida, lista, astuta e inteligente, sino tierna y cálida. ¡Qué afortunados son tus hijos de tenerte como madre y tu esposo de vivir a tu lado!

Un escalofrío volvió a recorrer todo mi ser.

—Me voy, porque debo hablar con tu esposo, nos veremos por la tarde.

Me preguntaba si lo que le dije había tenido algún efecto sobre una posible decisión de dejarme ir o de apresurar el proceso. Seguramente no, pero podría ser el principio de una forma de tejer una historia, o una serie de acontecimientos que le dieran algún sentido esperanzador a este momento de mi vida.

Y pensaba en el poder de la empatía, a través de ella mi madre se relacionaba con todos.

La empatía es una de las herramientas más poderosas con que contamos para conectarnos con los demás y, como terapeuta, un recurso esencial para trabajar con los pacientes; es el adhesivo de la conexión humana y nos permite saber, en un nivel profundo, qué siente el otro. Aplicar la empatía es ponerme en sus zapatos, intentar ver con sus ojos e intentar percibir las circunstancias de la misma manera que lo haría esa persona a la que queremos comprender.

Penetrar en su vida mental, en su mundo interior, con respeto absoluto de sus valores, ideas, costumbres y decisiones que haya podido tomar. Entender su punto de vista imaginando o haciendo hasta lo imposible por sentir lo que la otra persona puede estar sintiendo. A esto se le llama empatía. Esa capacidad de hacer sentir a la otra persona que su dolor me duele, y su alegría me alegra.

¿Será que este último comentario del Jefe venía desde un lugar de empatía conmigo? ¿O de un lugar en el que ambos lográbamos empatizar?

Como terapeuta, sabía que para que el otro escuche, para que logre cuestionar su mundo, para que nuevas informaciones, ideas y creencias hagan un eco en su existir y la resonancia sea parte de su proceso, la conexión es un requisito.

Debía esperar todo el día para tener noticias de las negociaciones. Quería evadirme, huir de mí, de mi pensar y de mi sentir.

A veces enviamos a los pacientes al ejercicio mental de "subir a la azotea" y observarse, pero aquí era distinto. El deseo era de clara evasión.

¿Qué más podría yo hacer? Dormirme... si lograba conciliar el sueño.

—Ayúdame —pedí en tono de súplica a mi cuidador, quien cansado de dialogar comenzaba a "darme el avión", como vulgarmente se dice. Sus respuestas, me percataba, eran evasivas. Yo tenía la imperiosa necesidad de conversar con alguien y no era correspondida. Además, me estaba dirigiendo en tono de súplica a un sujeto que no tenía la jerarquía ni el poder que presumía. Era un simple "cuidador", obedecía órdenes.

Con los ojos vendados, frente al silencio del otro, lo poco que me quedaba era dormir. Dormitaba, supongo, sin ninguna noción del tiempo, cuando me pusieron unos audífonos.

—Debe ponérselos a este volumen porque tendremos una junta y debemos asegurarnos de que no escuche nada.

El volumen era terrible; la música, peor; justo la que nunca elegiría. Alcancé a escuchar algunas voces. La de una mujer, que particularmente llamó mi atención. No entendía lo que decían por más que intentaba despegar ligeramente los audífonos de mis oídos, pero intuía que se trataba de una reunión relevante para ellos y, tal vez, para el desenlace de mi historia.

Pasaron más de dos horas. Esa música tan desagradable tenía una especie de efecto hipnótico en mí, o el cansancio, finalmente, me había vencido. De pronto escuché la voz de mi cuidador:

—Ya se los voy a retirar.

Seguí dormida por algunos instantes. De pronto, al oír la voz del Jefe pregunté:

—¿Alguna novedad?

—Ninguna. Ya consiguió algo su esposo, pero no lo suficiente. Parece que esto va para largo.

Paciencia, prudencia, inteligencia, fortaleza. ¿Cómo hacer para que no me abandonen? ¿Cómo mantenerme firme, tranquila, en las mejores condiciones, para salvar mi vida? Era el tercer día, y así podía pasar una eternidad.

—Duérmase y trate de descansar; ya veremos si mañana su esposo consigue más, pero lo estoy viendo difícil.

Yo también lo veía muy difícil. Y a pesar de mis más sólidas defensas, empezaba a sentir que no podía vencer la ansiedad que me producía la posibilidad de morir. Estaba ahí, acechando en algún lugar oculto de mi mente.

Un miedo brutal a tomar decisiones, a adoptar cualquier iniciativa, comenzaba a apoderarse de mí; consecuencia, tal vez, de la fuerte experiencia de sentirme juguete de un destino, que irremediablemente jugaba conmigo. ¿Era mejor no interferir? ¿Dejar que todo siguiera su propio curso?

Me parece que el talante con el que un ser humano acepta su ineludible destino y todo el sufrimiento que le acompaña le ofrece una singular oportunidad, incluso bajo las circunstancias más adversas, para dotar a su vida de un sentido más profundo. Aún en estas situaciones se le permite conservar su valor, su dignidad, su generosidad; en cambio, si se zambulle en la amarga lucha por la supervivencia, es capaz de olvidar su humana dignidad y se comporta poco menos a como lo haría un animal.

¿Cuál será la técnica o la manera correcta de negociar con estos seres violentos? ¿Estará Abraham, mi marido, en buenas manos? ¿Serán tan astutos y eficientes quienes están asesorándolo o estará solo y a la deriva? Y así, mi mente se llenó de dudas e interrogantes. Sentía calor. Comenzaba a sudar mientras los truenos y relámpagos que amenazaban con una tormenta hacían que este panorama se tiñera de nuevo de un color gris.

Seguramente nada "bueno" ni "nuevo" sucedería a esas altas horas de la noche. Otra noche iluminada por aquel farol. La radio marcaba las horas que dentro de mí eran eternas. ¿Qué es el tiempo a fin de cuentas? De niña, las horas pasaban sin sentirlas —excepto cuando iba a pedir permiso a mi padre para algo importante—, ahora, mi tiempo se había detenido e imaginaba cómo serían las cosas sin mí. ¿Qué hacer con lo que me queda de vida? ¿Qué le dará sentido? ¿Puedo esperar que se lo dé algo o alguien más? ¿Cómo serán mis nietos, bisnietos? ¿Quién se va a acordar de Shulamit?

¿Terminamos o nos transformamos? ¿Y en qué? Cómo quisiera tener certezas, ¿pero de qué me sirven las certezas? Y el farol que iluminaba la calle hacía esas horas interminables. Los ojos cerrados, pero sin poder dormir. Las imágenes que venían a mi mente y las sensaciones que experimentaba mi cuerpo eran difíciles de contener.

Tal vez todos probamos un anticipo de la muerte al dormirnos, sobre todo en determinadas situaciones, como cuando una amenaza puede ser irreversible para la propia seguridad, como el secuestro.

Y a la vez, en medio del caos y la desesperanza, no hay un orden lógico en este tipo de vivencias, por lo que en ocasiones del peor momento surge el mejor.

Capítulo 7

LA ESPERANZA VENCE AL MIEDO

Cuanto más oscuro es el cielo, más brillantes son las estrellas

Hay una poderosa fuerza impulsora dentro de cada ser humano, que una vez desatada puede hacer realidad cualquier visión, sueño o deseo.
ANTHONY ROBINS

La única forma de saber la hora era a través de la radio que nunca se apagaba. Acababan de anunciar las nueve de la mañana cuando, con sus característicos pasos, entró el Jefe.

—Buenos días. Tenemos un pequeño problema: vamos a tener que transferirla a otro lugar por un mes más, ya que usted no puede seguir en estas condiciones —de estarme cuidando y con los ojos tapados—, además de que este espacio va a ser ocupado. Estará bajo el cuidado de otras personas, pero no se preocupe, tampoco le van a hacer nada, todos manejamos el mismo código. Lo que sucede es que su esposo no coopera lo suficiente. Va a estar en otro lugar, donde podrá abrir los ojos, pero estará encerrada.

No sé cómo nombrar lo que sentí, ¿pánico? Tal vez. Veía acercarse el fin de mis días. El miedo a la muerte era evidente. Llorando y con voz temblorosa me atreví a pedir:

—Déjame hablar con mi esposo para decírselo yo personalmente, por favor, déjame hablar con él.

En menos de un minuto escuché cómo marcaba el teléfono.

> Llamó el Jefe. Dijo que no haría el trato, que pasaría mucho tiempo para continuar la negociación. Aumenté la cantidad y rogué y supliqué que termináramos y me la regresara. Me pasó a Shuly. Ella me dijo que estaba bien dentro de lo que cabía, pero que la iban a vender a otro grupo criminal si no le daba lo que él pedía, ya que tenían a otra víctima en sus planes. Le aseguré que íbamos a salir bien, que la quería mucho y le pedí que fuera fuerte. El Jefe colgó diciendo que en una hora hablaba de nuevo.
>
> Mi asesor seguía junto a mí, le comenté que ya no soportaba tanta presión, que estaba creciendo a un nivel en que cualquier cosa podría suceder. Hablamos mucho. Él me explicó que posiblemente cuanto más conflictiva, confusa y violenta se tornara la negociación, más cerca estábamos de que todo acabara.

De nuevo me atreví a pedir. Darme por vencida ante tal noticia era imposible, iba en contra de quien soy y he sido a lo largo de mi vida. ¿Transportada, encerrada, por más de un mes? Es precisamente esa libertad de pensar, sentir y decidir la que nadie me puede arrebatar, la que confiere a la existencia una intención y un sentido. Siempre se presentan ocasiones para elegir; a diario, a cualquier hora, se ofrece la oportunidad de tomar una decisión que determine si uno se somete o no a las fuerzas que amenazan con robarnos el resquicio más íntimo de nuestro ser, la libertad interior. Esa decisión prefiguraba si me convertiría —al renunciar a mi libertad y dignidad— en juguete o esclava de las condiciones del otro para, así, dejarme moldear. ¿Y hasta dónde? Perder la fe en el futuro, en mi futuro, no podía ocurrir, puesto que existe un estrecho nexo entre la pérdida de fe en el futuro y el peligro de darse por vencido.

Seguir viva, en última instancia, significaba para mí aceptar la responsabilidad de encontrar la respuesta correcta en ese preciso momento. Cualquiera que ésta fuera, seguramente sería más útil que la de asumir este cruel destino.

Cuando escuché su voz al otro lado del auricular sentí el deseo de capturar cada sonido, cada instante, como para no olvidarla nunca, aun cuando no la volviera a oír. En tono desesperado le dije lo que me habían informado:

—Me van a trasladar a un lugar en el que voy a estar por lo menos un mes más, lejos, con otros sujetos, tal vez de otra banda, que me van a cuidar. Por favor haz un milagro —le supliqué mientras lloraba sin control por primera vez desde que había llegado a esa terrible casa—; amo la vida, quiero vivir, quiero volver a verlos a ti, a mis hijos, te lo suplico.

Lo escuché preocupado, pero en un tono sensato y tranquilo, que tanto lo caracterizaba, me contestó:

—Los niños y yo estamos contigo, te queremos muchísimo, yo te quiero, estate tranquila, que te voy a sacar de ahí a como dé lugar, empleando cualquier recurso. En esto estamos todos.

De pronto, el Jefe me arrebató el teléfono y colgó bruscamente. Yo seguía llorando.

Parece que el impacto de mi llanto en el Jefe se convirtió en parte de una secuencia de hechos que, sin saberlo aún, abrió la posibilidad de lo que yo llamaría "un milagro".

—No puedo verla así —dijo—; usted no se lo merece, su esposo tampoco, ustedes son en verdad buenas personas. Tú tienes mucho que hacer en el mundo, mucho que hacer por los demás, eres una mujer ejemplar. Déjame ver qué puedo hacer. Voy a comunicarme de nuevo con tu esposo.

Qué extraño el paso del usted al tú; ya se lo había escuchado en otras ocasiones. ¿Significaría algo, alguna alteración de la personalidad quizá? Pero en aquel momento yo no podía detenerme en reflexiones.

—Por favor, ayúdeme —le supliqué.

Mostrar mis sentimientos en su máxima expresión, y encauzados hacia las ganas y la voluntad de vivir, fue un recurso más que un obstáculo, porque finalmente todo fluye, todo cambia, todo está sometido a la implacable ley de la transitoriedad.

Podría leerse la historia de nuestra cultura, desde los griegos hasta nosotros, como un intento de contestar a una sola pregunta: ¿qué hacemos con nuestros sentimientos? ¿Acaso estamos destinados a padecerlos? ¿Serán como fuerzas que desde fuera nos atacan?

Finalmente, el corazón tiene sus razones que la razón no comprende. Aquejados de esa normal enajenación, no acabamos de saber en qué orilla queremos vivir, pero lo cierto es que siempre acabamos volviendo a nuestro varadero sentimental.

Mi mente giraba como una enorme espiral. Giraba y giraba. Estaba muy inquieta. ¿Alterada, tal vez? La fuerza que me había acompañado se desvanecía; la fe y la esperanza me abandonaban. En aquellos momentos, todo era posible, desde el peor desenlace hasta el milagro más asombroso.

Decidí bañarme, comer una jugosa manzana roja con un pedazo de queso y un café muy caliente. Mi cuerpo sentía que mi presión estaba bajando en ese momento y desmayarme no era buena idea. Tal vez no volvería a bañarme en muchos días, y comer una manzana con un trozo de queso y un café sería casi imposible en el tipo de encierro del que me habían hablado.

Era miércoles. Semana Santa. Jueves y viernes serían días feriados. Intuíamos, yo en mi cautiverio y Abraham en casa, que ese día era crucial.

> Nuevamente llamó. Yo estaba más alterado, y sin dejarlo hablar subí la cantidad y le advertí que los bancos cerrarían jueves y viernes y ése era el límite de mis posibilidades. Contestó que aceptaba y que me devolvería a mi esposa una vez entregado el rescate: "Si algo le pasa al que recoja el rescate, o si le hablas a la policía, o si los billetes están marcados, o si alguien te acompaña, no volverás a ver a tu esposa. Te llamo para darte detalles".
>
> Antes de que colgara le agradecí el fin de la negociación y le pedí una prueba de vida con una pregunta de la que sólo mi esposa sabía la respuesta, y le aseguré que le daría su dinero y él me devolvería a mi esposa. Me preparé con un celular con pila completa y el dinero del rescate.

Dos horas habían transcurrido desde que el Jefe abandonó la habitación para ir a hablar con mi esposo, cuando un sonido alteró los latidos de mi corazón. Era el celular del cuidador. Seguramente amistades o conocidos; él mismo me había dicho que "el Jefe nunca llama y mucho menos a un celular". Había sonado en días anteriores, y yo siempre con la esperanza de que fuera el Jefe con buenas noticias. Nunca era él. "El

Jefe no habla por teléfono", me decía el cuidador. Sin embargo, ahora sí era él, y de inmediato sentí el auricular en mi oído:

—¿Cómo se llama el lugar al que usted fue a cenar con su esposo el día que salieron por primera vez?

Sorprendida y nerviosa intentaba recuperar la respiración y el tono de la voz, ya que el corazón comenzaba a latir con tal fuerza que parecía querer salírseme. ¿Qué significaba la pregunta? ¿Era una buena o mala señal? ¿Cómo debía interpretarla? ¡Mi mente estaba en blanco y la agitación no me permitía pensar! ¿A qué lugar fuimos en nuestra primera cita? ¡No podía acordarme, mas tampoco podía equivocarme!

—¡El Chato! —grité de pronto—. Es un canta-bar que está en la colonia Condesa.

¿Por qué Abraham habrá elegido esta pregunta? ¿Por qué no el sitio al que viajamos juntos por primera vez, o la dirección de nuestro primer departamento, o la fecha del nacimiento de nuestro primer hijo?

Porque cualquiera de estas y otras preguntas se originaban en aquel primer encuentro, era el principio del nosotros.

—En un rato más voy para allá —dijo el Jefe, casi al tiempo que colgaba el teléfono.

Mi razón y mi fe empezaban a volver a apoderarse de mí; aunque fuera en pequeñas cantidades, me indicaban que eran buenas noticias, a pesar de que "esta prueba de vida" que había elegido mi marido me parecía extraña. (La prueba de vida es una palabra, una frase, una clave, entre el secuestrado y la familia, tan secreta que sólo ellos pueden saberla. Es la prueba final, antes de pagar el rescate, para saber con cierta certeza que la víctima sigue viva.) Mientras tanto, el cuidador reafirmaba la sospecha de que podría tratarse de buenas noticias, que seguramente habían llegado a un arreglo y ése sería el lugar del encuentro.

Efectivamente, el Jefe regresó en un par de horas. Desde que escuché el sonido del carro —ya fácilmente reconocible para mí—, seguido por sus pisadas fuertes y con un ritmo parecido al de una marcha, aunado a su peculiar manera de tocar la puerta, supe que no había posibilidad de error. Estaba de regreso.

No había terminado de sacar mis conclusiones cuando escuché una declaración que nunca olvidaré:

—Finalmente nos arreglamos y hoy se va para su casa.

No puedo recordar qué fue lo que sentí ni lo que pensé. Acaso una pequeña duda, acompañada de una gran alegría, se mezclaban un tanto confusas.

—Si todo sale bien, hoy, antes de que oscurezca, estará con su familia; claro está, si se cumplen todas las condiciones para que eso suceda.

Hizo una pausa y yo me quedé muda. ¿Qué quería decir eso de que "si se cumplen todas las condiciones"? ¿Qué era lo que podía salir bien o mal? ¿De qué dependería?

El Jefe retomó la palabra.

—Es decir, si la entrega es satisfactoria, o sea, que quien haga la entrega no venga acompañado de nadie, que no dé aviso a ninguna autoridad, que ninguno de los billetes sea falsificado, que no haya chips ocultos en los billetes para rastrearnos.

Tantos requisitos y tantas condiciones me abrumaron. La incertidumbre del momento era insoportable.

—Una vez recibido el dinero, contado y revisado, con la certeza de que nadie nos sigue, venimos por usted.

"Ahora bien —continuó—, en caso de que suceda cualquiera de los contratiempos, usted se queda por lo menos dos meses más, como seguro de vida.

"Y ya me voy, pues quedé con su esposo, y se me hace tarde."

"¿Qué espera? ¡Córrale!", me dieron ganas de decirle, pero lo único que le pregunté fue:

—¿Lo volveré a ver o me despido de una vez?

—No —me respondió—, yo vendré personalmente a entregarla.

¿Cuáles son los rasgos del tan nombrado síndrome de Estocolmo? ¿Gratitud, admiración, miedo y esperanza? Esta extraña mezcla de sentimientos era la que me invadía en aquel momento.

Hoy comprendo que el síndrome de Estocolmo es una reacción psicológica en la que la víctima de un secuestro, o retención en contra de su voluntad, desarrolla o bien una relación de complicidad o un fuerte vínculo afectivo con su captor, principalmente porque malinterpretamos la ausencia de violencia contra nuestra persona como un acto de humanidad por parte del agresor. Quienes manifiestan este síndrome generalmente tienen dos tipos de reacciones ante la situación: por una parte, tienen sentimientos positivos hacia sus secuestradores; mientras que, por otra, muestran miedo e ira contra las autoridades policiales o quienes se encuentren en contra de sus captores. A la vez, los propios secuestradores muestran sentimientos positivos hacia los rehenes.

Este síndrome podría incorporarse a la categoría de efecto postraumático, del cual hablaremos detenidamente más adelante.

Cuando el Jefe salió y escuché cómo su camioneta arrancaba a toda velocidad, mi mente volvió a girar como una espiral. Mis preguntas eran infinitas. Me dirigí al cuidador y le hice tantas que de pronto me percaté de que él ya no quería seguir hablando, seguramente por la ansiedad que las acompañaba y que, a su vez, impedía tranquilizarme. Una nueva ola de preguntas me invadió: ¿cómo cree que esté todo? ¿Cómo sucede en la mayor parte de los rescates? ¿Habrá problemas?

—Todo va a estar bien, no se preocupe; confíe en su esposo, lo ha hecho bien hasta hoy. La mayoría de las veces no hay problemas y las víctimas regresan rápido a sus hogares.

> En la siguiente llamada del Jefe hubo un cambio completo. Me dio sin ninguna objeción la esperada prueba de vida. Yo me sentí confiado y esperanzado y él ya no parecía tan jefe. Estaba nervioso, hablándome de usted y con respeto me dio las indicaciones para realizar la entrega: el dinero debía ir en bolsas para pan, yo debía salir solo en el coche más viejo de la casa, con el tanque de gasolina lleno, dos celulares con batería cargada, y vestido de cierto color. Debía ir a un punto acordado, allí me bajaría del coche y me daría las instrucciones finales. Hecho todo lo anterior, me apresuré a seguir sus instrucciones, me llamó varias veces obligándome a dar muchas vueltas por la ciudad casi desierta. Creo que se convencieron de que nadie me seguía; sin embargo, a cada llamada lo percibía más nervioso. Traté de calmarlo diciéndole que haría lo que me dijera. Por fin llegué a un lado de una carretera donde dejé las bolsas de pan bajo un espectacular que anunciaba una cerveza. Dudé en marcharme, porque nunca vi a nadie. Él, sumamente nervioso, volvió a llamar

> más alterado que nunca diciendo que estaba llamando mucho la atención, que simplemente dejara las bolsas y me fuera. Supuse que me vigilaba e inmediatamente emprendí el regreso.
>
> Al llegar a casa, el asesor y yo estuvimos discutiendo todavía sobre la logística de la entrega. ¿Qué pasaría si alguien más tomaba el paquete? ¿Cuáles serían las posibles consecuencias? ¿Y si el Jefe decidía no cumplir el trato?

Mi hijo Eduardo tiene muy presente aquel miércoles:

> En la mañana nos dijeron que jueves y viernes no abrirían bancos y que si no definía ese miércoles, habría que esperar hasta el lunes de la semana entrante. Yo cruzaba los dedos.
>
> Me acuerdo haber escuchado a mi papá decir por el teléfono un "Dios te bendiga" y eso nos hizo suponer que habíamos llegado al final. Sin embargo, las tensiones siguieron, sabíamos que se había acabado todo pero también que las próximas horas serían muy tensas.

El tiempo se me hizo eterno. Incluso más que los días anteriores. Los minutos pasaban demasiado lentos y creaban en mi mente dos escenarios: el reencuentro con mi familia o la posibilidad de quedarme más tiempo en cautiverio.

Fueron las horas más difíciles de sobrellevar. Pensándolo bien, hubo dos momentos críticos: cuando me secuestraron, y éste, el de las últimas horas. Me causaban una mezcla de angustia, miedo y desesperación.

¿Qué es, pues, el tiempo? Me atrevo a decir que si nada

hubiera sucedido, no habría tiempo pasado; si nada pudiera suceder, no habría tiempo futuro; si nada estuviera sucediendo, no habría tiempo presente. Y en cuanto al presente, si fuera siempre presente, ya no sería tiempo sino eternidad.

Yo deseaba con todas mis fuerzas que esta experiencia de cautiverio se convirtiera en pasado lo antes posible, pero la paradoja consiste en que el tiempo de la realidad exterior (tiempo objetivo) es distinto al tiempo (o a los tiempos) de nuestra realidad interior, o sea, hay una clara diferencia entre el tiempo objetivo y el sentido del tiempo subjetivo o individual. Y existen factores capaces de alterar el sentido del tiempo: factores personales, motivacionales, trastornos psíquicos, incluso cambios de luz o temperatura.

Cuando una persona está sometida a un peligro, a una situación de alarma, adopta una actitud de máxima vigilancia: percibe más detalles particulares y lleva a cabo más acciones en la unidad de tiempo "objetivo", medido por el reloj. Esta reacción tiene una correspondencia en el estado fisiológico y neuroquímico del organismo, significa una adaptación a la situación de peligro: secreción de adrenalina, aumento de la presión sanguínea y aceleración del ritmo cardiaco. Como resultado de esta activación emotiva y humoral, la persona tiene la sensación de que el tiempo corre más lento.

En la terapia pongo una atención particular a la propensión que un individuo o una familia muestran hacia una de las tres "dimensiones" del tiempo: pasado, presente o futuro. Con frecuencia los pacientes están volcados hacia el futuro: ¡tengo que hacer algo! ¡Tengo que resolver tal o cual situación o problema!, o, volviendo al pasado: ¡todo lo que he hecho es inútil! ¡Tengo mucho no resuelto en mi vida! Y es importante recordar que cada persona está influida por diversos factores: edad, cultura, estatus social, factores contingentes, y también por lo que ha hecho de su persona a lo largo de su vida, es decir "si se ha trabajado o no internamente", por ejemplo: ¿qué tipo de creencias tiene? ¿Qué piensa de sí mismo y de su vida?

Es así como la variabilidad del horizonte temporal es enorme: el niño tiene un horizonte existencial volcado hacia el futuro; el anciano, volcado hacia el pasado, en el recuerdo. Factores culturales y hasta psicopatológicos pueden alterar el equilibrio pasado/futuro en el ámbito existencial, pero quien ha pasado por una situación límite, como la que yo experimenté, la única sensación que vive es la de que esos instantes no van a terminar jamás.

En mi experiencia de cautiverio sentí que saltaba en las tres dimensiones de tiempo (pasado, presente y futuro) porque lo único que tenía en mis manos eran mis recuerdos, pero paralelamente me decía a mí misma: "Si éste fuera el último día de mi vida, ¿qué me hubiera faltado vivir? Y si salgo viva, ¿qué más me gustaría hacer? O ¿qué haría diferente?" De allí la necesidad vital por esforzarme en ser hábil para negociar mi permanencia en la vida.

He de reconocer que mi sorpresa fue grande cuando al responder a la primera pregunta me percaté de que estaba enamorada de mi vida, tanto que la elegiría de nuevo; y ante la segunda pregunta, con lágrimas en los ojos, me prometí a mí misma que si salía viva de esta experiencia dedicaría mi vida profesional futura a trabajar con quienes han vivido experiencias límite para que logren acomodarlas y resignificarlas. Aún no sabía cómo o de qué forma lo haría conmigo misma y mucho menos con los demás, tenía conocimientos psicológicos muy generales sobre manejo de crisis y TEPT, pero en esos momentos, esto fue lo que me vino a la mente.

Hoy, en mis talleres sobre estrés postraumático y resiliencia, cuando me preguntan cómo fue que pensé en estas respuestas a preguntas existenciales de cierta complejidad, bajo esas circunstancias donde la claridad no es fácil de conquistar, les respondo que bajo efectos de alto estrés como lo es la privación de la libertad uno se aferra a creer que "si le liberan" hará cosas grandiosas.

¡Y sucedió el milagro! El universo trabajaba a mi favor. O Abraham había hecho realidad aquella súplica. O la suerte "estaba de mi lado". Repentinamente, con gran agitación, el Jefe abrió la puerta y dirigiéndose a mí y al cuidador, dijo:

—Vámonos. ¿Por qué no están listos?

Yo me encontraba sentada en la cama, con la cabeza apoyada en el cojín, volteando hacia el techo, con los ojos cerrados y cubiertos, suplicándole a la vida, al cosmos, al universo, una nueva oportunidad de vivir.

En los últimos tiempos se ha puesto de moda pedir o agradecer al cosmos; ciertamente no sé qué podría significar, pero mi perspectiva, en ese instante, era de reconciliación con el entorno global, más allá de lo inmediato familiar y social, más allá del género humano y de los misterios aún no desentrañados del origen de todo.

Recuerdo cómo me puse mis tenis. (Qué sensación tan parecida a la de la primera vez que mi madre me puso unos zapatos para caminar, para salir a la calle y llevarme al parque, donde podía corretear y sentirme libre.) Nunca olvidaré lo que sentí al abrocharme cada una de las agujetas... qué me importaba tener los ojos cerrados, ¡ya me había acostumbrado! Afuera llovía. Podía escuchar las gotas sobre el cristal. Imaginaba el cielo gris, nublado, cuando el Jefe dijo de pronto:

—Permítame darle una chamarra, pues está lloviendo, hace frío y se puede resfriar.

Otra vez los rasgos humanos en estas personas que se dedican al mercado del sufrimiento. La acepté y me atreví a preguntar sobre mis pertenencias, aquellas que me habían quitado desde que íbamos en el carro, rumbo a la casa de seguridad, y que de alguna manera me habían acompañado: mi reloj, mi banda polar para correr, mis lentes para el sol y mi música con sus audífonos. Petición, tal vez un tanto ridícula, o simbólica, aunque finalmente, como ya lo he afirmado, los símbolos nos configuran y llegan a darnos sentido.

Una a una me fueron entregadas, menos una.

—¿Le falta algo? —preguntó el Jefe, a lo que respondí con serenidad:

—Sí, mis lentes.

Eran unos viejos lentes que usaba para correr. Muy ligeros. No aparecían, pero a estas alturas recuperarlos no me importaba; quería irme lo antes posible. Sin embargo, el Jefe se empeñaba en encontrarlos.

—Niños —gritó—, no nos vamos sin los lentes de la señora.

—No importa —dije—, se los regalo.

—De ninguna manera, aquí no se roba. (No se roba, pero bien que se le pone precio a la vida humana.) Nosotros somos secuestradores, no rateros. Nosotros no robamos, y es un código que tenemos.

No dediqué tiempo ni energía al análisis de tan ridícula respuesta, sin embargo, ahora que lo pienso detenidamente, me parece que no encuentro una clara diferencia entre ser secuestrador o ladrón. Ser lo primero es peor, quita la libertad, confisca tu vida, se apodera de tu entorno, de tus recursos; un ladrón se apodera de tus bienes materiales.

Finalmente desistió y me prestaron otros, que me fueron colocados en los ojos, a la vez que me decía:

—Se vería usted muy extraña paseando en coche, de tarde, lloviendo y con los ojos cerrados, por ese motivo le pondremos estos lentes.

Otra vez estos sujetos cuidando hasta los mínimos detalles. En el fondo nada descuidaban.

El Jefe me indicó que me subiera en el asiento del copiloto y agregó:

—Ahora va usted adelante.

Y así fue como finalmente abandonamos aquel lugar, justo de la misma manera en que habíamos llegado, a toda velocidad.

—Tenemos que llegar a tiempo —decía el Jefe, mientras manejaba—, pues le dije a su esposo que en una hora estaría lista, es decir, libre para regresar a su casa.

No quiero exagerar, pero me llama la atención el cuidado en la precisión logística; ello implica que quien esté a cargo de combatir este tipo de delitos, también tendrá que formarse en técnicas y recursos tácticos y logísticos, además de conocer la configuración mental de estos delincuentes.

—Por favor, déjeme en un lugar que sea bueno, o sea, donde no corra peligro y no me vayan a asaltar —le supliqué con voz temblorosa e insegura.

—No se preocupe, estará cerca de un sitio de taxis y no tan lejos de su casa. Niño —le dijo al cuidador, que venía en el asiento trasero—, dame quinientos para la señora.

—Estamos por llegar —agregó—, pero antes de despedirnos tengo una pregunta y una confesión que hacerle. La pregunta es: ¿usted cree en Dios?

—Sí —le respondí—, pero tengo algunas cosillas que negociar con él.

—Yo no creo en Dios —dijo de manera firme y enfática—; de hecho no creo en nada ni en nadie; tampoco creo en la casualidad, solamente creo en la causalidad y me parece que usted y yo teníamos que habernos encontrado en nuestro camino por la vida. En lo que a usted respecta, la felicito por ser como es, una mujer maravillosa, fuerte, segura y muy cálida. Y creo que esta experiencia será de gran utilidad en su trabajo como psicóloga. En lo que a mí respecta, quiero confesarle que usted tocó mi vida, la tocó de tal forma que nadie antes lo había hecho.

Qué sensación tan confusa experimentaba. Había "no sé qué" que me hacía creer en sus palabras; me parecían sinceras, pero sabía que finalmente nada justificaba lo que hacía o a lo que se dedicaba. Yo tenía, además, un nudo en la garganta y no sabía si quería tocarlo, darle la mano, abrazarlo o salir volando por la ventana. Probablemente sea cierto que me considere una mujer fuerte y segura, pero de todas formas, a estas alturas de la vida cuestiono: ¿por qué podría ser una ventaja para vivir? Como se puede ver, esta experiencia me hace pensar y quizá me obligue a rediseñar mi vida.

Después de 20 minutos, aproximadamente, el carro frenó bruscamente y el Jefe, dirigiéndose a mí, dijo:

—Está usted en el parque Naucalli. A 50 metros hay un sitio de taxis. Hay gente paseando por la calle, pero hace frío.

Descendí del coche con su ayuda; nos dirigimos a un punto, mientras me susurraba:

—Cuente hasta 50 y abra los ojos.

—Que Dios la bendiga —replicó el cuidador desde la parte trasera del automóvil, con voz entrecortada.

Escuché el rechinar de las llantas de la camioneta al arrancar a toda velocidad. Pensé tantas cosas: voltear, correr, no contar hasta 50… Una voz interna me dijo: "Es el final, lo hiciste tan bien que no vale la pena flaquear o errar a estas alturas", y procedí a contar.

1, 2, 3… 49, 50… abrí los ojos. El panorama era gris. Llovía. Por primera vez sentí el aire y la lluvia en la cara, el agua que me mojaba era como el bálsamo más maravilloso que pude haber sentido en toda mi vida.

Había poca gente caminando. Algunos paseaban con sus coloridos paraguas y yo ¡había regresado a la vida! Quería gritarlo, contárselo a todo el que pasara cerca de mí, y a pesar de que veía borroso y difícilmente lograba enfocar, todo era nuevo, hermoso, rescatable, incluso mojarme, que nunca me había gustado, adquiría otro matiz, otra significación.

Nadie me miraba siquiera. Todos estaban inmersos en su vida, en su propia historia. La luz me impedía ver con claridad. Me costaba trabajo enfocar después de tantas horas de oscuridad.

Intenté encender mi celular. No tenía pila; se había descargado a lo largo de los días. Traté de cambiar el billete de 500 para comprar una tarjeta telefónica y llamar a casa, para hablar con mi esposo, mis hijos, mi familia. Nadie quería cambiármelo. ¡Qué ironía! "¡No puede ser! —me dije—, ¡libre pero incomunicada!" Caminé rumbo al sitio de taxis. No había uno solo, pues estaba lloviendo y cuando llueve la gente prefiere no caminar.

Mi sensación de impotencia, mezclada con miedo, aumentaba. Finalmente me acerqué a un puesto de jugos y tomando de la mano a la señora que atendía, le supliqué:

—Señora, seguramente a usted no le interesa mi vida, pero créame que acaban de liberarme; estuve secuestrada; por favor, déjeme llamar a mi familia.

De inmediato me prestó su teléfono celular y me regaló un jugo.

—Tómeselo, le va a caer bien para los nervios.

El contraste, la diversidad de la gente… gente buena y noble hay en todos lados.

La esperada llamada a casa

Escuché un grito de júbilo. Abraham quería venir por mí. Yo sentí que no toleraría esa espera, mucho menos sin alguna forma de comunicación. Prefería irme en taxi que esperar en las calles.

—Como quieras —me dijo, aunque insistió en venir a recogerme.

Caminé rumbo a los taxis. El sitio seguía vacío; de pronto, llegó uno y se estacionó.

—¿Es usted de sitio? —le pregunté.

—Señora, ¿no me está viendo en el sitio?

—Sí, pero yo necesito que usted me jure que es de sitio —a lo que el señor, muy amablemente respondió:

—Si tiene tanta desconfianza, no se suba.

Me subí de inmediato y en cuanto cerré la puerta y arrancó, comencé a llorar. Era el llanto de un final feliz, supongo, o tal vez el de una horrible historia que había llegado a su fin, no logro reconocerlo con claridad, pero el hecho es que lloré y sollocé sin parar. El buen hombre, alarmado, me preguntaba si estaba bien, pero apenas podía responderle.

Qué importante es llorar. No para quedarse estacionados en la experiencia del llanto, sino para enviarle el mensaje al inconsciente de que la situación ha sido controlada o, viceversa, que faltan acciones por poner en marcha y, después de la expresión llorosa, tal vez con una cierta calma, reemprender el combate.

De pronto me tranquilicé y le dije:

—Usted será el primer afortunado o desafortunado en escuchar mi historia —y le conté lo que viví.

Al final de mi relato, me preguntó:

—Señora, ¿usted cree en Dios?

—Sí —le respondí—, aunque tengo que hacer algunas negociaciones con él en estos momentos; hay puntos que quisiera aclarar con él.

Curioso que en menos de media hora me hubieran hecho la misma pregunta. Hoy creo que era un tema a colocar entre mis temas pendientes. Y también el de la libertad. Así, a grandes rasgos, creo que existe un tipo de libertad que, provisionalmente, diría que es intrínseca a la condición humana, ontológica quizá, en la que Dios no se mete; es como soltar una paloma al vuelo: no sabemos adónde irá. Así que los actos, buenos o malos, de los seres humanos, son su responsabilidad y no la de su "creador". En fin, es un tema que sigue en mis interioridades.

—Le voy a dar un consejo: yo pasé por una situación muy trágica que no quisiera platicarle ahora —continuó el taxista—, además de que estamos a punto de llegar a su domicilio, pero le recomiendo que hable con Dios, que dialogue con él, que se reconcilie con él; no que le rece, sino que se comunique de la manera que usted elija, como se sienta cómoda, ya que Dios no escucha oraciones repetidas sin sentido. Dialogue con él.

Estábamos entrando al portón de la privada. Todos esperaban dentro, menos mis hijos. Alcancé a verlos desde lejos, desde la subida empedrada, parados en la calle.

—Deténgase, por favor —dije súbitamente—. Gracias por todo. ¿Cuánto le debo? —agregué.

—Nada, señora —me respondió—. Agradezco que haya compartido conmigo su historia y que haya sido yo quien la trajo de nuevo a su hogar.

Ahora que escribo sus palabras, pienso que hay dos tipos de hombres en el mundo, y nada más que dos: los decentes y los indecentes. Ambos se entremezclan en todas partes y en todas las capas sociales.

Hubiera querido decirle muchas cosas, pero a lo lejos mi familia me esperaba. Volví a darle las gracias y salí corriendo.

Corrí cuesta arriba a abrazarlos. Nunca olvidaré aquel abrazo, aquellas miradas.

Años después, por separado, Isaac y Eduardo coincidieron en algo:

> Una de las escenas que más han marcado mi vida, y que recuerdo mucho, es cuando llegaste a la casa y me bajé y corrí a abrazarte.

> Vi a mi mamá llegar en un taxi, bajarse en la curva del parquecito donde solíamos jugar de niños, y corrí a abrazarla.

Los dos me lo contaron con lágrimas en los ojos.

Luego mi esposo. Mi papá. Mi mamá, y dentro de la casa, gran parte de la familia. Uno a uno se acercaban a abrazarme. ¿Era un sueño? ¿El despertar de una pesadilla? Veía nublado, tal vez por el cansancio acumulado después de varios días sin dormir.

> No cabíamos de júbilo al encontrarnos la familia junta, en todo momento me encomendé a Dios y le di gracias al cielo; lo sigo haciendo y lo haré siempre. Llegó la última llamada del secuestrador diciendo que hasta aquí había llegado todo.

En ese momento no hubo mucho tiempo para abrazos y festejos; fui llevada a un lugar privado de la casa para contestar las preguntas acerca de mi cautiverio e intentar un retrato hablado de quienes me mantuvieron secuestrada. Responder con la exactitud requerida era casi imposible: llevaba tres días sin dormir y el agotamiento, aunado a la emoción del reencuentro con mi familia, me volvía poco precisa, aunque en el fondo sabía que ellos querían que los responsables de mi plagio no quedaran impunes, mientras mi estado en esos momentos era confuso. En el fondo no sabía si estar agradecida o molesta con el tratamiento de mis captores, ya que a fin de cuentas no me hicieron ningún daño físico. A pesar de esta coincidencia, recontarlo y revivirlo me resultaba atroz.

"Aquí terminó todo —dijo uno de los policías que estaban en casa —; al cerrar la puerta de tu casa y estar aquí adentro todo lo demás quedó atrás."

A pesar de que el comentario era cierto, mi oficio de terapeuta, aunado a mi sentido común, me decía que las experiencias de vida llevan su propio ciclo de elaboración, sobre todo aquellas en relación con el estrés postraumático, esa sensación dolorosa y agobiante que llega a niveles de ansiedad y angustia que puede envolver al cuerpo y a la mente después de haber atravesado por una situación peligrosa y capaz de paralizarnos.

Una vez terminada esta declaración inicial conversé varias horas con familia y amigos; a cada minuto llegaban tíos, sobrinos, hermanos. Preguntas diversas, inquietudes de toda índole, miradas de lástima, miradas de orgullo, silencios prolongados, pero finalmente todos opinaban, sacaban conclusiones e imploraban justicia, mientras yo seguía inmersa en emociones encontradas y contrastadas.

La experiencia de la lástima, de esa mirada tan poco útil, no es algo que ayude a remontar ningún tipo de situación difícil; prefiero la solidaridad, la escucha, la empatía, la deliberación.

Cuando todos se fueron, antes de la cena, el secuestrador volvió a marcar para ver si había llegado bien a casa y cuando supo que sí, le dijo a Abraham: "Si quiere miénteme la madre", y mi esposo le contestó: "Que Dios lo bendiga".

Conversé de forma más íntima con mis hijos. Quería hacerles saber que estaba bien y que podían estar tranquilos, pues imaginaba que no les había sido fácil pensar en los peligros o riesgos que podría haber corrido su madre. Después, compartí largas horas con Abraham, mi marido, pero difícilmente pude conciliar el sueño, a pesar de mi cansancio acumulado. Cerrar los ojos me era difícil. Es más, imposible. Quería permanecer despierta en esta nueva vida, en esta nueva oportunidad.

"¿Vivir una situación límite, a veces cercana a la muerte, puede servir como experiencia de despertar? —me preguntaba—, ¿será una especie de catalizador para producir cambios vitales?"

Un desafío irrumpía en mi interior: si tuviera que vivir la misma vida una y otra vez, por toda la eternidad, ¿qué cambiaría?

La idea de vivir tu vida en forma idéntica una y otra vez, puede, además de conmocionarte, servir como experimento para colocar las cosas en perspectiva, llevándote a evaluar cuán plenamente la viviste. Estas ideas venían a mi mente. La oportunidad de una nueva vida era lo que ahora tocaba reflexionar, y mi responsabilidad ante ello se hacía evidente a cada minuto. Recordaba una de las frases preferidas de Nietzsche: *Amor fati* (ama tu destino). En otras palabras, "crea un destino que puedas amar". Yo, y sólo yo, seré responsable por los aspectos cruciales de mi situación de vida, tal vez de la misma manera en que lo fui en mi situación de cautiverio, y aun así deberé enfrentarme a abrumadores obstáculos externos, aunque siempre con la libertad de qué actitud adoptar ante ellos.

Y así, en mi mente, una serie de reflexiones, pensamientos y emociones se superponían sin ningún orden; unos apuntaban a la gratitud, otros al enojo, al dolor, al recuerdo de cada instante vivido como eterno. Y experimentaba un hambre atroz. Hambre de comer, de vivir, de escribir mi historia, por lo menos algunos detalles que temía olvidar de un día a otro, como si alguien tuviera el poder de arrancármelos.

Fue así como esa misma noche empecé a escribir un primer testimonio, y mientras lo hacía recordaba un taller al que había asistido pocos meses atrás con un especialista en estrés postraumático, quien insistía en la importancia de escribir como medio de reelaborar las experiencias de esta índole. Así me adentré en la aventura de escribir acerca de mi cautiverio, intentando detenerme en todos y cada uno de los detalles de la historia vivida desde adentro.

Dicen por ahí que lo que no mata fortalece y que una experiencia negativa puede hacer que uno se vuelva más fuerte y capaz de enfrentarse a la adversidad. Este aforismo, me parece, tiene un estrecho vínculo con la idea de que un árbol se vuelve más fuerte y alto cuando resiste las tormentas, hundiendo sus raíces en la tierra.

La capacidad de luchar bien y persistir frente a una adversidad abrumadora es un elemento clave en la resiliencia, ya que la resistencia y la supervivencia ante experiencias de vida desgarradoras pueden constituir, en sí mismas, un motivo de orgullo. Aprender de la adversidad… ¿Qué nos enseñan los acontecimientos traumáticos y las tragedias? ¿Cuál es su legado? Por lo pronto, no asumir nunca la postura de víctimas, porque sí podemos ser victimizados y aun así no asumir esa identidad. La resiliencia se forja cuando nos elevamos por encima del trauma y apelamos a toda nuestra fuerza interior para galvanizar nuestra resolución de cambiar para bien, aunque lo que ocurrió nunca nos abandonará.

Una crisis puede ser una "llamada de advertencia" que agudice nuestra atención respecto a lo que realmente importa de la vida; como dicen los indios navajos: "El final de un sendero es el comienzo de otro".

> **Duele. Duele un montón. Pero va a pasar, y cuando sane, más fuerte vas a brillar, más alto vas a volar, más libre vas a soñar. Y vas a entender, que algunas historias terminan, para que otras mejores puedan empezar.**
>
> *El Principito*

Al día siguiente, muy temprano por la mañana, fuimos al templo. Empezaron los servicios acompañados de los rezos. Yo no quería rezar —en mi interior resonaban las palabras del taxista: ¿repetir oraciones sin comprenderlas?—, sí agradecerle a Dios, pero desde mi lugar y, parafraseando a Frank Sinatra, ***a mi manera***. Quería dialogar con la divinidad, preguntarle tantas cosas, y así lo hice. Confieso que me sentí mejor porque comprendí que nosotros somos responsables de la forma en que hemos organizado esta sociedad, que los modos de convivencia siempre pueden mejorar, pero requieren de nuestro esfuerzo y trabajo —Dios ya hizo lo suyo—, que siempre podremos implementar proyectos para que el margen de maldad cada vez sea más estrecho, vivir en un ámbito de derecho, que la justicia y la ética sean nuestros vectores. Todo eso es responsabilidad humana, la divinidad simplemente puso en marcha la creación, lo nuestro es hacer un mundo mejor para todos. Así podría resumir mi diálogo con Dios.

Pero todavía tenía un pendiente importante: comunicarme con Jonathan, mi hijo de 18 años, el mediano que no estuvo en México durante los días de mi cautiverio y que tardaría más de tres meses en regresar de su viaje. Mi esposo había decidido no decirle nada a la distancia mientras yo no estuviera a salvo y de regreso en casa.

Fue una llamada difícil. ¿Cómo decirle a un hijo que su madre estuvo secuestrada? Sin embargo, debía hacerlo. Él viajaba con amigos mexicanos que podían enterarse en cualquier momento por medio de sus padres.

Temblorosa, le llamé, pero antes contacté a uno de sus amigos, le narré mi historia y le pedí que estuviera con él al recibir mi llamada para que lo apoyara y lo acompañara.

Jonathan, además de impactado, quería regresarse de inmediato porque no creía que no me hubieran hecho nada, suponía que no quería contarle la verdad porque se encontraba lejos. Me tardé mucho para que lograra creerme, y al final le pasé el auricular a su papá para que él le asegurara que me encontraba bien y a salvo.

Insistía en truncar aquel viaje que había preparado con tanta ilusión y anticipación. No fue fácil convencerlo y terminó yéndose unos días a casa de mi hermano en Suiza, que tampoco había sabido nada de mi cautiverio, y ambos ahí se consolaron por algunos días.

Al terminar su viaje y regresar a México nos fuimos a tomar un café y platicamos ampliamente del tema. Le dije que me hiciera todas las preguntas que quisiera y respondí una a una todas sus dudas e inquietudes.

También recuerdo haberlo escuchado platicar con sus hermanos y todo, según yo, se acomodó.

La vida sigue su curso

Los días y los meses pasaban, uno a uno, a su propio ritmo. En un intento por reparar y reacomodar lo vivido utilicé todos los recursos a mi alcance, de la misma manera en que lo hice para sobrevivir a lo largo de aquellos días grises y tormentosos.

Me percaté de que lo vivido comenzaba a darle un nuevo orden a las prioridades de mi vida, poniendo lo trivial en su justo lugar, con la posibilidad de no hacer las cosas que prefería no hacer, comunicándome de manera más profunda con mis seres queridos y apreciando más los hechos elementales de la vida, como dormir, comer o simplemente estar en comunicación con mis pensamientos y sentimientos; lo nuevo fue una mayor disposición a arriesgarme y una menor susceptibilidad ante el fracaso. Entendí que el territorio privilegiado para implementar las transformaciones que me conciernen es mi interioridad; lo externo y circunstancial, lo que no depende de mí, es objeto de paciencia y tolerancia. La frustración y desasosiego no me conducen a lugares deseables.

Constaté que es una prudencia malentendida el miedo ante la vivencia del otro, la razón por la que en ocasiones no nos atrevemos a acercarnos a las personas que han vivido experiencias difíciles. Hoy puedo decir que nadie estuvo "sobrado" ni "poco prudente" en actitud ni en presencia ni en llamadas; cada quien se acercó desde su lugar, sin embargo, hubo quienes se mantuvieron demasiado lejos, o nunca lograron acercarse; otros, me dieron verdaderas lecciones de vida con su forma de estar.

Concluyo que es importante saber estar, armarse de valor para acompañar y acercarse cuando otros están en momentos difíciles; he compartido esto con mi familia y quisiera que mis hijos tengan la fortaleza de estar con sus amigos cuando éstos pasen por momentos difíciles, aun cuando requieran de un esfuerzo especial.

La lección que se deduce es simple: la conexión es fundamental. Seas familiar, amigo o terapeuta, involúcrate, zambúllete. Acércate de la manera que te parezca apropiada. Habla desde el corazón, revela tus propios temores, improvisa, acompaña al que sufre de cualquier manera que lo conforte. La mera presencia es el mayor obsequio que le puedes dar a cualquiera que se encuentre frente a la muerte. O a una persona en buen estado de salud que sea presa del pánico ante la muerte.

El tema de la prudencia me ha seguido inquietando y revoloteando, y quizá la pesquisa más significativa que encuentro es que ésta se ubica en el horizonte de la libertad, porque de lo que se trata es de deliberar, si uno va a actuar o no, cuándo, de qué forma, no necesariamente hay que encapsularse y quedarse mirando desde una burbuja; a veces, lo prudente es arriesgarse o arriesgar los bienes más preciados como la vida, si se trata, por ejemplo, de conservar o conquistar la libertad, como le dijo Don Quijote a Sancho Panza. Siempre pienso que: "Es necesario tener ojos y manos, es decir, juicio y fortaleza. Sin valor es estéril la sabiduría".

Como terapeuta, mi principal instrumento de trabajo es "mi propio ser", por lo que debo "mantenerlo afinado". Tengo que confiar en mi capacidad de observación para relacionarme con mis pacientes de manera afectuosa y cercana. Una vez que lo logro, me siento más libre de emplear con confianza lo que siento por el otro.

Y como terapeuta debo luchar por que cada sesión sea memorable.

En la concepción de la terapia narrativa, el sufrimiento que conduce a las personas a buscar terapia puede ser leído como expresión de una incoherencia entre las historias que se cuentan de sí mismas y su propia experiencia, o como la discrepancia entre sus experiencias y las historias que los otros cuentan de ellos. El proceso terapéutico se convierte entonces, sobre todo, en un proceso de renarración de las historias (*re-storing*). Con ello, los pacientes recuperan la posibilidad y la capacidad de ser autores, a través de la interacción con el terapeuta, de historias enriquecedoras para sí mismos, que disminuyan, o al menos le den un sentido al sufrimiento.

Muchas cosas de la vida hoy las miro de otra manera. Ni peor, ni mejor. Simplemente diferente, y sé que es parte de un proceso porque lo que viví, lamentablemente, dejó secuelas en mi familia y en mí, pero seguramente también dejó un aprendizaje, y me di a la tarea de encontrarle un sentido a esa experiencia, un sentido que me ayudó a acomodarla dentro de mí. Compartirla puede ser muy útil, a la vez que es una forma de ayudar a otros que han vivido experiencias semejantes.

Finalmente, cada vez que contamos y "recontamos" una historia, la escuchamos desde otro lugar, con la posibilidad de acomodarla de otra manera en nuestro interior. Por ejemplo, varias veces me he dicho que salí indemne de mi dura experiencia. Aparentemente. Pero la vida, el devenir, habría continuado sin mí, indiferente, como la naturaleza, que es indiferente a los problemas y quehaceres humanos. Para mí, en aquel momento, era como si mirara el planeta Tierra desde el espacio, tal vez desde Júpiter. ¿A quiénes les importan nuestros sentires, dolores, angustias, gozos? Sin embargo, ahora estaba de nuevo en la realidad cotidiana, con preguntas como: ¿qué hago con esta experiencia? ¿Qué sentido tiene para mí? ¿Cómo transmitir los nuevos significados?

Para mí tuvo un claro sentido. Me permitió desplegar recursos y estrategias; sentir la importancia de los otros, de las redes.

He oído decir que se puede juzgar a una persona por sus amigos; si eso es cierto, debo de ser una gran persona. Todas las muestras de cariño y preocupación, correos, llamadas, visitas y un sinnúmero de acercamientos impregnados de afecto me animaron a seguir y a responder a la pregunta que tanto me hice durante mi cautiverio: ¿cuál es el sentido de la vida o, más bien, cuál es, para mí, el sentido de la vida? Tener una razón para vivir, un proyecto que me apasione; estos vínculos, estas relaciones que he ido tejiendo a lo lago de la vida, personas con las que elegimos estar, la familia, los amigos, impregnan la vida de significados compartidos, valores, diversión, llantos, encuentros y, en momentos como éste, ¡su efecto y acompañamiento se potencializa!

Con el paso del tiempo

La simple idea de que en algún momento capturaran a mis secuestradores y tuviera que volverlos a mirar con el fin de reconocerlos me aterraba; a pesar de que los días y los meses seguían su curso con las propias actividades cotidianas en que intentaba envolverme, persistía una inquietud, un algo no resuelto. Sus rostros se desvanecían. ¿Podría reconocerlos? Intentaba aferrarme a mi memoria, pero medio año era demasiado.

"¿Seguirán secuestrando? —me preguntaba—, ¿habrán dejado de hacerlo?" Y crecía la ilusión de haber sembrado en ellos una pequeña duda; al no ser capturados, cabía la esperanza de que hubieran recapacitado. ¿Habrán cambiado el rumbo de su vida? ¿Habré hecho una diferencia? Preguntas sin respuestas…

Y si volviera a ver aquella casa, ¿la reconocería? Tenía la sensación de que regresar sería el cierre definitivo. Emociones encontradas se mezclaban dentro de mí: quería volver y no quería volver a estar ahí.

Mientras esa posibilidad se volvía real pensaba que la calidad de nuestra vida está determinada por la forma en que interpretamos nuestras experiencias, no por las experiencias mismas; es así como la ecuanimidad interna surge de saber que lo que nos perturba no son las vivencias, sino la forma en que las interpretamos. Yo, ni entonces ni ahora, quería la falta de ecuanimidad, el caos o la complicidad con el desastre.

La vida es el arte de dibujar sin borrador, por lo que no se trata tanto de perdonar como de reconciliarse con el hecho de que el pasado es inalterable. Y es precisamente la forma en que acomodamos nuestro pasado —lo vivido, lo experimentado— lo que nos vuelve únicos, singulares y confiere un sentido a nuestra existencia, funda nuestro trabajo creador y nuestra capacidad de amar. Cuando nos aceptamos como seres irrepetibles, insustituibles, y a la vez inacabados e imperfectos, surge en toda su trascendencia la responsabilidad que el hombre asume ante el sentido de su existencia. Un ser humano consciente de su responsabilidad ante otro, o ante una obra inconclusa, jamás debería tirar su vida por la borda. Ya que al conocer el para qué de su existencia sería capaz de soportar casi cualquier *cómo*.

Es cierto, importa mucho la forma en que me he propuesto reacomodar esta experiencia, pero también es verdad lo que opina Foucault: "Todas las relaciones implican poder".

El poder consiste, fundamentalmente, en la posibilidad de decidir sobre la vida del otro; en la intervención de hechos que obligan, circunscriben, prohíben o impiden. Quien ejerce el poder, somete e interioriza, impone hechos sobre el control, se otorga el derecho al castigo y a conculcar bienes reales o simbólicos: domina.

Éste fue mi caso, no puedo obviar que hubo sometimiento, que conculcaron mi libertad.

Si aceptamos que el hombre es un ser completo e inevitablemente determinado por su entorno, y si el entorno impone una estructura insólita, anormal, que le obliga a someterse a unas infranqueables leyes dominantes y represivas, ¿qué decir de la libertad humana? ¿Es correcta la teoría que nos presenta al hombre como producto de unos factores condicionantes, sean de naturaleza biológica, psicológica o sociológica?

Cada hombre, aun bajo condiciones tan extremas como un secuestro, conserva la libertad interior de decidir quién quiere ser, espiritual y mentalmente, porque incluso en esas circunstancias es capaz de conservar la dignidad de seguir sintiendo como un ser humano. Dostoievski dijo en una ocasión: "Sólo temo una cosa: no ser digno de mis sufrimientos...", y es precisamente esta libertad interior la que nadie nos puede arrebatar, la que confiere a la existencia una intención y un sentido.

Ahora bien, siento que la intención y el sentido, el modo autónomo de ejercer mi libertad, no es producto de la casualidad, implica un trabajo consciente del desarrollo de mi vida interior, a eso le llamo espiritualidad. (Podemos intuir la existencia del espíritu porque sabemos que existen dimensiones humanas que no son materiales, como los sentimientos, que probablemente están hechos de la misma esencia que la gravitación, en el sentido de que sabemos que están ahí, pero no los vemos y tampoco nos consta que tengan materia.) Y entiendo mi espiritualidad como una fuerza que surge de mi interior, que se ha configurado a partir de las reflexiones de muchas de mis vivencias que se han confrontado con mi conciencia que, a su vez, se ha generado por el diálogo entre mi interioridad y mi entorno, como lo hace el oleaje del mar contra las rocas, esas formas observables que surgen del contacto de una materia con otra, pero que hace posible el nacimiento de una forma nueva y distinta, algo que se crea. En el surgimiento de mi espiritualidad quiero destacar la importancia del sufrimiento de mis ancestros, que ya he citado, pero también sus posibles gozos, además, por supuesto, la forma en que he resignificado esas historias insertadas en mi propia vida… de ello, claro está, sólo yo soy responsable. Desde mi entender, así es como siento, validando la fuerza de toda mi subjetividad, tomando con ello forma mi espíritu, y con eso brego, desde luego, con toda la apertura de la que soy capaz, abierta al futuro.

Al final me surgen tres preguntas que obviamente no tienen respuestas inmediatas, las que toda la humanidad se ha planteado desde siempre. En mi caso, vuelvo a sacarlas a colación, impulsada por una experiencia totalizante que me colocó frente a la posibilidad de la muerte, como les ha ocurrido a otras personas. Claro está, en torno a las respuestas, sólo es posible elucubrar.

1. Resulta inaplazable preguntarme: *¿cuál es el sentido de la vida?*, y con él la necesidad de vivir a fondo, saber disfrutar, gozar, crear, compartir, valorar, divertirse, porque tal vez después de esta vida no hay otra oportunidad y, a la vez, conocer nuestras propias limitaciones, lo que nos hace vulnerables y absolutamente humanos. Por esto mismo me siento comprometida con la realidad cotidiana, ésa que me inquieta por la desigualdad y la diferencia de oportunidad para todos, ésa que pregunta por la justicia y clama por el "nunca más, ningún holocausto para nadie", para que ningún grupo humano tenga que padecerlo.
2. *¿Por qué existe el mal en el mundo?* La libertad interior se ejerce entre múltiples opciones situadas entre estos dos extremos: bien y mal, aunque más allá de esta libertad los seres humanos tenemos otros dos atributos fundamentales: voluntad y responsabilidad. Con estos tres "motores" podemos decidir conscientemente qué historia construiremos, tanto en lo personal como en lo comunitario. Ciertamente, a los acontecimientos históricos se les llama así porque los organizamos nosotros, somos absolutamente responsables de nuestros actos, no Dios ni nadie más. Los accidentes de la naturaleza, por otra parte, tienen también una dinámica interna que obedece a sus propias leyes; en ocasiones podemos intervenir, en otras no, pero siempre es posible prevenir desastres y tomar providencias.

De todas formas me surge la pregunta de ¿cómo poner fin a la maldad? Aunque fuera una utopía, no implica que no sea posible, el ser humano se va haciendo, construyéndose a sí mismo, y lo más ético sería apartarse del mal, por lo tanto, la responsabilidad está en nuestras manos. Como seres "inacabados" e "imperfectos" nos vamos complementando y siempre tendremos la posibilidad de elegir hacia dónde nos dirigimos.

3. Si lo que vivimos es histórico, *¿es posible cambiar tu destino o ya está escrito?* Si se entiende por tal toda la construcción realizada por la humanidad, es decir, lo contrario al desarrollo de la naturaleza, entonces es posible modificarlo. Las estructuras humanas, como la organización social, se pueden cambiar, aunque también incidimos sobre la naturaleza. Con el sufrimiento viene aparejada la pregunta del mal. En la naturaleza animal podemos diferenciar entre la depredación para sobrevivir como especie y la intencionalidad de hacer daño. Los humanos, tal vez por la existencia y desarrollo de la conciencia, somos capaces, por una parte, de inventar formas de agresión, crueldad y exterminio, pero también, por la misma razón, por la conciencia, es posible mantener la esperanza de organizar formas de convivencia donde el bienestar y el cuidado del otro sea lo que prepondere. Esta experiencia de cautiverio y dolor me mueve a trabajar de frente con todas estas realidades existenciales.

Espero haber transmitido que es necesario y posible enfrentar y explorar todos los temores, incluso los más oscuros. Los genuinos despertares empiezan dentro de nosotros, aun cuando nos demos cuenta por circunstancias externas.

Quisiera, por último, responder a la pregunta del principio de mi relato, acerca de la trascendencia que esta experiencia ha tenido en mi trabajo terapéutico. Hoy considero que esta vivencia, que por supuesto nunca quise ni la deseo para nadie, se ha convertido en un recurso, una herramienta de trabajo en casos en que la desesperanza o la carencia de un sentido de vida se apoderan de las personas. En un mundo complejo y de cambios rápidos, donde el espíritu de lucha ha perdido terreno, compartir mi experiencia de secuestro, que se convirtió en una forma de resiliencia, me sigue siendo útil. También me ha vuelto más humana, me conecta más profundamente con el sufrimiento de los demás, con sus partes vulnerables y adoloridas, con la manera en que nos vamos configurando y construyendo, y con nuestra responsabilidad, como terapeutas, en la incidencia histórica y política, es decir, con la forma en que nuestras decisiones y acciones influyen sobre los sistemas familiares y socioculturales.

Del cautiverio a la libertad

Capturaron por fin a la banda y con ello llegó el día en que regresé a aquella casa en la que estuve en cautiverio. Tenía que hacerlo para cerrar este episodio de mi historia. Cuando la vi por fuera, supe que ésa era. Entramos. Quedé impactada por el olor, el color y la sensación de "algo ya vivido". Recorrí la planta baja sin reconocer ningún espacio, puesto que nunca había estado ahí. Sin embargo, al subir las escaleras, me dirigí de inmediato a la habitación donde me retuvieron. La cama, las sábanas, la ventana, el farol de la calle alumbrando justo al centro de aquella ventana. Todo igual... No... Había algo distinto, ellos estaban cautivos mientras yo me encontraba libre, caminando, mirando con los ojos bien abiertos cada uno de aquellos rincones en los que un día me mantuvieron con los ojos vendados.

Al entrar al baño me sorprendió el espacio. Lo imaginaba más grande. La regadera, en cambio, era como la recordaba. Había frascos de champú en el mismo entrepaño. Recorrí el resto de la casa. Había cartas, recibos con el nombre del Jefe, pero sobre todo —para mi sorpresa, primero; para mi terror, después—, un sin fin de libros de psicología, inteligencia emocional y filosofía, leídos e incluso subrayados. ¡No había gran diferencia en los conocimientos sino en la utilización de los mismos! Qué extraña sensación: querer huir y, simultáneamente, quedarme para buscar más pistas, más señales, pero ¿para qué?, ahora era libre, y permanecer más tiempo ahí no cambiaría mi destino ni el de mis secuestradores, lo que tocaba ahora era salir de aquella casa, cerrar aquella puerta y cerrar, de una vez y para siempre, aquel capítulo de mi vida.

PARTE II

Capítulo 8

DEL CAOS AL ORDEN

Para sanar, saber no es suficiente,
debemos aplicar. Desear no
es suficiente, debemos actuar.
JOHANN WOLFGANG VON GOETHE

Cerrar es un decir, aunque es el primer consejo que surge después de sobrevivir a una fuerte crisis o a una experiencia límite. Hoy sé que vivencias de esta índole no "se cierran por decreto" o a través del tiempo, de la voluntad o de simplemente querer "darle carpetazo", como normalmente decimos.

Lo crucial para poder cerrar y acomodar en nuestro interior un evento traumático es no tener prisa ni intentar olvidarlo, sino mantener la calma y tomar el tiempo necesario para lograr resignificar la experiencia.

Tenemos que dejar que esas emociones que estuvieron "bloqueadas" o "congeladas" por un periodo de tiempo, mientras nos encontrábamos en ***modo sobrevivencia***, y tal vez unas semanas después del evento, o incluso hasta tres meses después, vayan bajando a nuestra conciencia, o resurgiendo desde nuestra interioridad, para darle ese toque emotivo a lo vivido, es decir, poder traer al presente todos los sentimientos por más intensos y difíciles que sean y hayan sido.

Mientras más detallemos la experiencia para poder trabajarla desde los mayores ángulos y perspectivas posibles, el resultado final, que consiste en lograr acomodarla en un "lugar cómodo" en nuestro interior, será más eficiente.

Ciertamente la vida no se vive con borrador, "lo que vivimos, vivimos...", pero de lo que sí podemos hacernos responsables es de aquello que elegimos hacer con lo que vivimos.

> Procesar, acomodar y resignificar la experiencia traumática sí es responsabilidad de quien la vive.

Recuerda que si no estás en paz contigo mismo, serás una persona en guerra con el mundo entero.

> Puedes tenerlo todo, pero si no tienes paz interior, no tienes nada.
>
> BUDA

Doce años han transcurrido desde ese momento en que cerré aquella puerta, y ¿qué ha pasado conmigo desde entonces?

Aparentemente salí indemne, porque lo emocional tomó su curso; un torbellino de emociones encontradas me acompañó los primeros meses, visualizaba cada instante de lo vivido, imágenes, pensamientos, confusión, incertidumbre, preguntas sin respuestas.

Amigos y familiares querían saber más, y a la vez olvidar lo más rápido posible, dejar de hablar del suceso como si de pronto mágicamente despareciera de la vida de todos, por lo que me percaté de que había llegado el momento de "silenciarme" hacia afuera para comenzar un diálogo interno que me permitiera hacer mi "propio acomodo".

> Si no hubieras sufrido como has sufrido, no tendrías profundidad como ser humano, ni humildad ni compasión. El sufrimiento abre el caparazón del ego, pero llega un momento en que ya ha cumplido su propósito. El sufrimiento es necesario hasta que te das cuenta de que ya es innecesario.
>
> ECKART TOLLE

Hoy entiendo y converso con mis pacientes acerca de que vivir un evento traumático de pronto nos convierte en protagonistas de historias fascinantes, y cada vez que recontamos esa misma historia, es una forma nueva de volver a escuchar nuestra vivencia, y eso ayuda a ir procesándola e incorporándola. Sin embargo, llega un momento en que no queremos más ser escuchados, simplemente por el propio miedo que nuestra vivencia provoca en los demás, porque algo que alguna vez se veía como imposible, se vuelve posible.

Por otro lado, si nos quedamos estancados en hablar única y exclusivamente de ese evento, claro está, por la importancia que tuvo en nuestra vida, y por el espacio que ocupa en nuestros pensamientos y sentimientos, corremos el riesgo de que *agote toda nuestra realidad* y nos convirtamos en "eternas víctimas".

Siempre seremos más que lo que vivimos; una circunstancia o un evento no puede englobar la totalidad de nuestra identidad, ya que si eso es lo que nos define, podríamos olvidarnos de quiénes somos.

Recuerda: "Tú no eres lo que te pasó".

Albert Einstein decía: "Hay que lograr el equilibrio del ciclista, pedaleando". Esto quiere decir que vivimos una sola vida, y ahí en esa única vida deben caber todos los eventos que vamos atravesando; no podemos detenernos por ninguno de ellos, porque la vida no se detiene, la bicicleta sigue rodando y requiere de nuestro pedaleo constante y continuo: "No nos paramos para resolver, resolvemos mientras vivimos".

Es por ello que hoy mi reto consiste en transmitir esto a mis pacientes; esta idea es compromiso personal con nuestra propia historia, ya que únicamente 10% es lo que nos pasa y 90% es lo que hacemos con lo que nos pasa.

En mi caso, fue mi propia historia de secuestro la que me llevó hasta donde estoy hoy día, habiendo hecho un importante salto profesional hacia el trabajo con trauma y resiliencia. Mi trabajo es conducir ***del caos al orden, crecimiento postraumático vs. estrés postraumático***, con el objeto de que quienes estuvieron frente a una experiencia traumática salgan más fortalecidos y enriquecidos después de lo que vivieron. Ésta es la famosa y tan citada ***resiliencia***, la capacidad de levantarnos más fortalecidos de la adversidad, con la firme convicción de que lo vivido con dolor y sufrimiento puede convertirse en una oportunidad de crecimiento. Si así sucede, estaríamos hablando de ***crecimiento postraumático*** en vez de ***estrés postraumático.***

Pero ¿cómo o por dónde comenzar? Probablemente esto es lo que te estarás preguntando; de hecho, cuando por primera vez al finalizar una conferencia me hicieron esta pregunta, constaté que la experiencia misma nos "paraliza" a tal grado que resulta difícil dar el primer paso para la elaboración y el procesamiento de la misma. De aquí que como terapeuta mi labor consiste en hacer un "traje a la medida" para detectar la forma individual en que cada experiencia se gestó en cada uno de nosotros, ya que no hay ni dolor universal ni significados comunales, es decir, cada uno construye el suyo propio con base en lo que vivió.

Tuve la oportunidad de conocer a una mujer que sufrió un severo accidente traumático en Madrid, España, y sus palabras aún suenan en mi interior. Ella tenía 12 años, y había un grupo terrorista que decidió masacrar Madrid. Iba en el carro con su madre rumbo al colegio y una bomba explotó justo segundos antes de que llegaran a su destino, unas cuantas cuadras delante. Y esto fue lo que me dijo: "Ese accidente nos destrozó el cuerpo a ambas, pero milagrosamente salvamos la vida, mi madre perdió un brazo y una pierna, vino a verme al hospital y me dio el consejo que más me ha servido en toda mi vida: 'Esto es lo que tenemos y con esto vamos a vivir siempre, podemos vivir maldiciendo o decidir que la vida empieza hoy teniendo la oportunidad de elegir la vida más parecida a la que teníamos'."

De la adversidad es de lo que más se aprende, te enseña a agarrarte a la vida con una fuerza aún mayor. A mí me enseñó que ésta no se acaba si tú no quieres; cuando ocurre la adversidad uno sólo ve el problema y la limitación, pero es importante cambiar el foco, enfocarse en las posibilidades y soluciones, en lo bueno, pues por más negativa que sea la realidad, por muy negro que lo veamos todo, siempre hay una luz al final del túnel. *Uno no sabe lo fuerte que es, hasta que ser fuerte es nuestra única opción.*

El ser humano por naturaleza huye de la dificultad y la adversidad, y debería ser al revés, debemos meternos de lleno y afrontar esa adversidad porque vamos a conocer a un "nuevo yo" mucho más fuerte del que éramos antes.

"Debes tropezar para aprender, porque cuantas más piedras encuentres en tu camino y más grandes sean, más fuerte construirás tu castillo."

Escuchar a esa mujer fue una gran lección de vida. "Nadie sana siendo la misma persona, la sanación es un viaje de transformación."

Hoy puedo decir, después de 12 años, que concuerdo con esta idea de que hay una oportunidad ilimitada de transformarnos después de una experiencia traumática, sin embargo, "no es magia", ya que la calidad de las preguntas y respuestas que logres trabajar y resolver después de una experiencia límite será directamente proporcional a la calidad de tu vida. "Quien ha dicho que el tiempo lo cura todo, no conoce la naturaleza de las memorias traumáticas..."

El trauma es caos y desorganización mental. El trabajo terapéutico consiste en traer orden y organización por medio de la regulación fisiológica, la reparación de la sensación de seguridad y de una creación narrativa que le dé sentido a nuestra experiencia traumática.

Con esto me refiero a lograr resignificar la experiencia para darle un sentido en tu vida, y como hemos dicho a lo largo de este libro, lograr el propósito de *crecimiento postraumático vs. estrés postraumático*, lo cual requiere de un importante acompañamiento y compromiso en el proceso de trabajo de ambas partes: de quien vivió la experiencia traumática y de quien será el terapeuta encargado. He aquí mi propuesta.

Geometría del cambio: procesando la experiencia
Los cuatro pilares del crecimiento postraumático

No es el más fuerte de la especie el que sobrevive, ni tampoco el más inteligente, sino los más abiertos al cambio.
CHARLES DARWIN

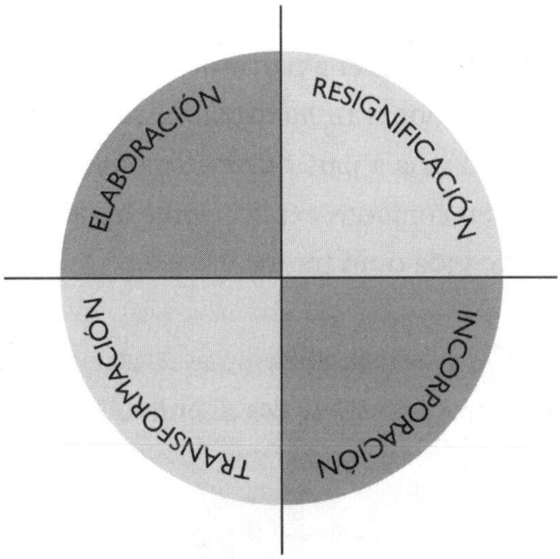

La primera fase del procesamiento de una experiencia traumática consiste en la ***normalización*** de la vida, el restablecimiento de un sentido de seguridad y reorganización de la cotidianeidad; esto se percibe como una condición necesaria para primero ***elaborar*** y después ***procesar*** recuerdos traumáticos, además de la ***narración*** del evento que se refiere a la forma de hablar sobre el mismo, que será dirigida por un terapeuta, para marcar una diferencia entre lo que ya has contado a familiares y amigos y lo que contarás ahora en el proceso terapéutico. La segunda fase consiste en el ***procesamiento*** del recuerdo de las experiencias traumáticas. Esto incluye enfrentar lo que sucedió, confrontar los recuerdos que provocan tanta emoción y agitación, y crear una narrativa personal consistente, encontrándole un sentido a la experiencia en nuestra vida, un "para qué". La tercera fase consiste en la ***integración*** de la experiencia en tu vida, trabajando en la reparación de tu autoimagen, de tal manera que empieces a verte como resultado de todas tus experiencias y no como definido por la experiencia traumática. Y por último, la ***transformación*** o "la cereza del pastel" es la oportunidad de crecer a partir de lo vivido, además de la posibilidad de cuestionar tu ***nueva realidad*** y la forma en que eliges enfrentar tu vida a partir de este momento.

Este modelo en conjunto explica cómo ayudarte a trascender una crisis de vida o un trauma.

Denomino este proyecto: *Del caos al orden*.

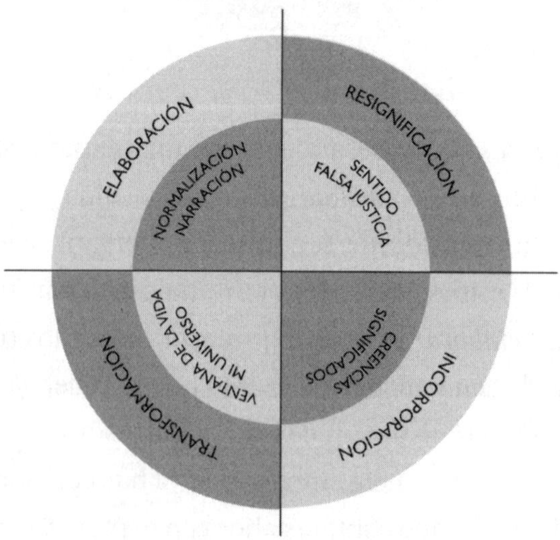

Capítulo 9

ELABORACIÓN

Casi en todo hay grietas, pero gracias a ellas puede entrar la luz.
LEONARD COHEN

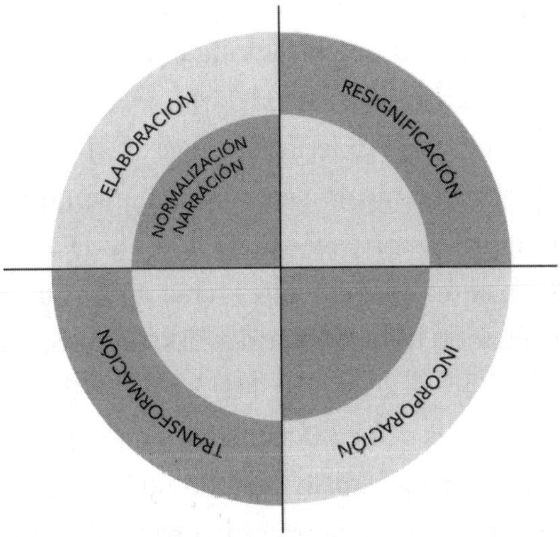

Para procesar una experiencia traumática, el primer paso es poder elaborarla, es decir, hablar de lo vivido integrando emociones, sentimientos, miedos, angustias, deseos, etcétera. Todo lo que implicó haber vivido lo que vivimos.

La elaboración de la experiencia pasa por dos fases: ***normalización*** y ***narración***.

Normalización

Para entrar de lleno a trabajar con trauma o con la historia del suceso traumático necesitamos cerciorarnos de que el paciente cuenta con cierta fortaleza o contención en su persona, a esto le llamamos: *fase de normalización*, que consiste en la posibilidad de poder contener emociones fuertes, y también es una forma de enseñarles a la personas a poder tocar fondo, es decir, poder salir del *modo sobrevivencia.*

Sin embargo, y como su nombre lo dice, lo primero es saber en dónde se encuentra quien vivió la experiencia traumática para poder normalizarlo y estabilizarlo. ¿A qué me refiero? A que primero deben ser cubiertas sus necesidades básicas.

Por ejemplo, sería injusto sugerirle a alguien que acaba de ser víctima de un desastre universal que acuda a tratamiento terapéutico o psiquiátrico sin antes tener agua, luz, etcétera.

Recuerdo cuando trabajé con un grupo de colegas en el pueblo de Tultepec, en el Estado de México, en el que hubo una explosión de cohetes y fuegos artificiales en el mercado principal del pueblo. Varios habían perdido no sólo seres queridos sino sus hogares, por ende la prioridad para ellos era ver cómo darles una ceremonia digna de entierro a sus familiares que habían fallecido a la vez que buscar dónde vivir. Lo primero es cubrir la seguridad y demandas básicas de su vida cotidiana, por lo que como terapeutas, en esta etapa, nuestra función prioritaria es volverse un acompañante o guía, porque el que vivió la experiencia traumática puede estar paralizado, o bien, sin la claridad o fuerza necesarias para estabilizar su vida.

En ocasiones se sugiere que los terapeutas expertos en TEPT seamos una especie de mediadores entre los que han sufrido experiencia traumática y las necesidades básicas de los mismos, por lo que el trabajo en esta fase sería más de apoyo, de guía y acompañamiento que propiamente terapéutico; por lo tanto, el tratamiento como tal en el tema de estrés postraumático puede comenzar hasta un mes después del evento traumático.

Lo primero es indagar si su vida diaria funciona "más o menos bien". Si están sobrecargados o sobresaturados, si están o no en el aquí y en el ahora, o tal vez sea que no funcionan porque tienen "ligas o disparadores" o una intensa conexión con lo vivido, que los hace regresar constantemente a su trauma.

En ocasiones no saben cuáles son sus derechos, así que es importante asegurarnos de que en lo práctico y cotidiano puedan fluir.

¿Comen, duermen, toman sus medicamentos habituales?

Por ejemplo: si sólo fuma y toma Coca-Cola no está bien, también es nuestro trabajo como especialistas poder instruir sobre lo básico de lo que significa salud integral.

Otro ingrediente necesario es que cuenten con cierta ***habilidad autorreguladora***, que dependerá de qué tan grave fue su trauma.

La clave es el día a día, o sea la funcionalidad diaria; como ejemplo, recuerdo que un paciente me decía: "Aunque sí tengo pesadillas del evento traumático, funciono más o menos bien en el día a día".

Es importante sugerirles que se conecten más socialmente, redes familiares, laborales, de amigos, y que intenten hacer "un poco más de lo que sí están pudiendo hacer" para fortalecerse y poder lidiar mejor con el trauma.

Tratar en un principio con sus ansiedades cotidianas es una forma de ejemplificar la manera en que después trabajaremos con el trauma en sí. Es menos intenso el proceso, pero es una forma parecida al camino que tomaremos en el trabajo propio de la experiencia traumática, o sea que empezamos a trabajar con las ansiedades y asuntos que los paralizan en el día a día, momentos cotidianos de su vida.

Como terapeuta debo tomar en cuenta y estar atenta a que muchas, sino es que la mayoría, de las adicciones que surgen después de una experiencia traumática son en respuesta al trauma, un 70% se puede estar "medicando" a través de las drogas para calmar una situación traumática o un dolor difícil de aliviar, por lo que las alucinaciones que presentan algunos pacientes son generalmente más por TEPT que por disociación o psicosis, por ello, el tratamiento enfocado a trauma les es muy útil.

La vida nunca se pone "en pausa", vivir es una constante. Por ello la idea de que el tiempo debería pararse "mientras resolvemos" esto u lo otro es una ilusión que dista mucho de la realidad. Recordemos de nuevo el pedaleo al que hace referencia Albert Einstein, es constante y continuo, no para, como la vida.

> No paramos nuestra vida para resolver, sino que solucionamos mientras vivimos.

> El tiempo es tu amigo, camina con él, ni detrás, ni adelante.

Una pregunta importante para comenzar el tratamiento sería: ¿por qué ahora la decisión de venir a terapia? ¿Por qué justo ahora? ¿Acaso será por los síntomas cotidianos que paralizan su vida? ¿Es por la experiencia traumática en sí tan desgarradora?

También pudiera ser por la conexión del trauma con otros momentos de su historia en el que de alguna forma se repite la experiencia, lo cual suele ser muy común. A este fenómeno lo denominaré *efecto dominó.*

Imaginemos las piezas de un dominó acomodadas de forma vertical en una línea, si la última pieza fuera la experiencia traumática y la empujáramos hacia atrás, caerían las piezas de la fila, y se irían tumbando una a una.

De esta forma es fácil ilustrar cómo el motivo de consulta por una experiencia dolorosa o paralizante muy reciente trae consigo la conexión con otras del pasado, y de esta forma se abre la posibilidad de "levantar o rememorar (volver a traer a la memoria) una vida" o bien de "trabajar una historia".

Regresando a las piezas del dominó, si quisiéramos ahora reproducir el efecto inverso, y empujamos la última pieza (que equivale a un trauma del pasado) se irán levantando todas, una a una, hasta llegar a la primera, que equivale a la experiencia por la cual nos consultan.

Curiosamente, en mi experiencia de trabajo en el campo de trauma, es muy común que las experiencias dolorosas se repitan en la historia de los pacientes, sobre todo en el caso de abuso sexual y violencia familiar. Esto quiere decir que cuando acuden a consulta no es la primera vez que lo han experimentado, pero sí es la primera vez que han logrado "romper el silencio" y hablar de lo que les sucedió, por lo que la terapia abre la posibilidad de trabajar todas las vivencias relacionadas con el tema. Esto resulta muy sanador, ya que de esta forma sanamos una historia, una vida, no sólo un evento.

Aclaradas estas incógnitas sobre si es la primera vez que lo experimenta y si está en condiciones normales, es decir, con cierto grado de funcionalidad en su vida cotidiana, nos queda indagar qué tanto se encuentra aún en *modo sobrevivencia*, o sea, en el hacer, en el resolver y en el pensar, mas no en el sentir.

Recordemos que el *modo sobrevivencia* es un mecanismo que regula el funcionamiento del ser humano cuando éste percibe un daño existencial. Los seres humanos están —en su mayoría— programados para la supervivencia. Las reacciones eficientes frente a la amenaza son esenciales para sobrevivir. El modelo clásico de respuesta humana ante la amenaza consiste en tres fases: *a)* reconocimiento de la amenaza, *b)* evaluación del peligro y sus riesgos y *c)* evaluación y despliegue de los recursos de adaptación. La amenaza extrema parece crear una respuesta cualitativamente diferente a la del estrés diario.

La evaluación de una situación amenazante para la vida es instintiva y las consecuentes respuestas conductuales son casi inmediatas. La experiencia consciente del miedo es revocada por las exigencias de la aguda amenaza a la vida, sustituyendo las funciones cerebrales de más alto nivel por un funcionamiento instintivo a través de las partes más primitivas del cerebro. "Libre albedrío contra supervivencia." Bajo amenaza, el funcionamiento del sistema neurofisiológico del organismo se reestructura para liberar energía en pro de la acción inmediata.

El objetivo de las reacciones instintivas es hacer frente al peligro y restablecer la seguridad. Hay muchas partes del sistema nervioso involucradas en la respuesta ante la amenaza. La atención se estrecha para detectar la fuente del peligro y evaluar su impacto; la conciencia emocional disminuye; las respuestas conductuales son rápidas, suaves y enfocadas al objetivo, y las personas, frecuentemente, no se sienten "como ellas mismas son" durante estos momentos.

Llamaremos a este proceso: ***fragmentación***, ya que se refiere a la disociación que ocurre cuando se atraviesa un trauma: no hay otra opción más que la de estar en ***modo sobrevivencia***, es decir, "no sientes hasta que te sientes seguro", hasta que "estás a salvo", tranquilo y libre de peligro, porque recordemos que durante el trauma estamos desconectados de todo tipo de emoción o sentimientos. Esto se conoce como ***disociación estructural***, porque el interior se fragmenta entre el hacer, el pensar y, por otro lado, el sentir.

Durante el trauma, no son relevantes las sensaciones, todo se pone en "pausa", empezamos a sentir cuando "sentimos" que ya pasó. Parece obvio pero no lo es. Esto explica por qué en ocasiones hay a quienes les gusta estar continuamente viviendo experiencias límite, porque dejan de sentir: como los adolescentes.

La fragmentación es clave para entender la supervivencia y se refiere a una indebida división de la personalidad que se encuentra "en el corazón de los desórdenes relacionados con traumas". La disociación es, claramente, uno de los procesos que ocurren durante las amenazas graves. Durante un evento que es percibido como amenazador se puede activar cualquiera de estas tres reacciones: lucha-huida-paralización. Una vez que el peligro se ha alejado, la división de la personalidad debería ser reevaluada.

Imaginemos que los rescatistas del pasado terremoto de 2017 en México tuvieran que evaluar emocionalmente si se atreverían a bajar 15 o 20 metros o más para rescatar sobrevivientes, y a la vez preguntarse qué pensaría su familia del riesgo que están a punto de correr, o conectarse en ese preciso instante con sus miedos, etcétera. Si se detuvieran en este tipo de emociones, muy probablemente no bajarían al rescate, o les tomaría mucho más tiempo atreverse a hacerlo.

De igual forma, si durante mi cautiverio, en vez de atreverme a hablar y dialogar con los secuestradores y pensar en cómo negociar mi libertad a cada instante, desde mi interior, concentrándome en cuál era la debida respuesta que debía dar en cada momento, me hubiera invadido el pánico, y me hubiera conectado con mis emociones de miedo a la muerte, a que me hicieran algo, me cortaran un dedo, etcétera, tal vez no hubiera logrado tener una cierta lucidez y paz, lo que me permitió estar alerta y en continua conciencia para así hacer lo que "se podía" desde adentro de aquel oscuro lugar.

Podríamos poner infinidad de ejemplos: casos de guerra, desastres naturales, asaltos. Los sobrevivientes generalmente tienen este matiz que les permite reaccionar con cierta asertividad y capacidad cognitiva, precisamente gracias a la fragmentación. Esto también explica lo que sucede al término de las experiencias traumáticas que ni nosotros mismos sabemos "cómo es que pudimos lidiar con la experiencia", "cómo es que fuimos capaces de hacer esto o lo otro", y es hasta que nuestros seres cercanos comienzan a preguntarnos ¿cómo es que pudiste...? que entramos en conciencia de lo que sí hicimos, de lo que fuimos capaces, y más aún de lo que pudo habernos sucedido.

Estas reflexiones provocadas por las preguntas de nuestros familiares y amigos, acerca de todo aquello que fuimos capaces de hacer o sortear, son las que rompen con la fragmentación, y es cuando empezamos a sentir, a tener nostalgia, miedo, depresión, hipersensibilidad, y a recorrer lo que vivimos desde otro ángulo, desde otra perspectiva, incluso hasta cuestionándonos a nosotros mismos cómo es que fuimos capaces de tal o cual... Y simultáneamente nos asustamos de lo que sí fuimos capaces de hacer. En muchos casos es aquí donde empieza el TEPT, justo cuando "las emociones y sentimientos bajan a la conciencia".

También existen gatillos que pueden despertar las mismas sensaciones o momentos de silencio, o aparente *relax*, como cuando nos encontrábamos justo en medio de la experiencia o el suceso, donde emergen estas mismas sensaciones, "estados de no vigilia". Sin embargo, es importante entender que la gran diferencia entre *flashbacks* y memoria, es que el *flashback* es como si lo estuvieran volviendo a vivir y la memoria es un recuerdo. Por esta razón en el trabajo con trauma es muy importante detectar y sobre todo diferenciar entre ambas, tomando en cuenta que el movimiento oscilatorio entre "querer olvidar y no olvidar" no es TEPT sino "funcionamiento sano o normal". Es lo esperado, el ir y venir, como un movimiento ilógico pero necesario.

Es importante saber que el TEPT se manifiesta más por propensión a la fragmentación, y de aquí la importancia de tomar en cuenta este fenómeno antes de pasar a la fase de *narrar* la experiencia, donde se requiere también cierta capacidad de autorregularse emocionalmente para hablar y trabajar lo que vivimos, y así estar listos para dar la bienvenida a la historia detallada de la experiencia traumática. Un dilema constante, que surge en mis talleres y cursos sobre trauma, no es el de escuchar de inmediato la historia detallada sin antes indagar todo lo que propongo (checar la normalización así como el grado de fragmentación), ya que sería "hacer más de lo mismo", de lo que han hecho con sus familiares y amigos: "vomitar la historia" sin más, sin ningún orden, guía o dirección.

Por último, es importante tomar en cuenta la *paradoja del trauma*: cuanto más les preguntas a quienes han vivido una fuerte crisis o un trauma cómo se sintieron, "menos sienten", y si les preguntas por los detalles de la experiencia, sin las emociones, más sienten (a través de los detalles). Cuando quieres entender cómo se siente alguien, es mejor preguntarle que pasó, das a entender que te importa lo que le sucedió y quieres escucharlo; si por el contrario le preguntas ¿qué sentiste?, o ¿qué sientes?, generalmente, contestan ideas o pensamientos.

Una vez que como terapeutas hemos logrado atravesar con nuestro paciente por estas fases de *normalización* y *fragmentación* estaremos preparados para escuchar la narración de la experiencia.

Narración

Narrar lo sucedido es muy importante, pero la forma en la que lo haces es aún más. Es por esto que dentro del proceso terapéutico, contar la historia de la experiencia traumática debe ser diferente a la forma en que ya la ha contado y recontado el paciente a sus familiares y amigos, ya que desde este momento comienza la importancia del reprocesamiento de lo vivido. Recordemos que la realidad la construimos con nuestros discursos internos, por ello, lo que nos decimos a nosotros mismos de lo que vivimos crea una especie de "profecía autocumplidora".

Podríamos considerar la narración como una entrevista diagnóstica porque queremos ver qué es lo que nos contestan, es decir, de lo que son capaces de hablar. Al escuchar su narración observamos cómo lo van elaborando. Podemos detectar y evaluar si conocen la historia completa, para ello debemos ser curiosos, "es como subirte al hombro del otro y mirar desde ahí su historia".

Entrevista estructurada para evaluar experiencias traumáticas

El principal objetivo de la entrevista es evaluar en qué etapa se encuentra el paciente con respecto a su procesamiento del evento traumático. La entrevista es en realidad una investigación sobre el suceso traumático experimentado, de principio a fin, con detalles específicos sobre lo que vio, escuchó, olió, pensó y sintió.

Además del propósito del diagnóstico, el recrear los detalles dentro de un marco seguro y en un tiempo y lugar adecuados ayuda a recordar el suceso de una manera más completa y organizada, además de restaurar la secuencia de acontecimientos en un continuo. Estructurar el evento ayuda a salir de la confusión que a menudo existe con respecto al mismo, a la vez que lo ayuda en su prueba de realidad.

Explicar al paciente de qué forma los síntomas que se presentan están conectados con su trauma (aunque en la mayoría de los casos no logren relacionarlos), lo que sí es muy importante es que nosotros estemos muy alertas a los síntomas fisiológicos que van presentando a lo largo de la narración de su historia, conectados con lo que vivieron, lo cual es crucial en este trabajo terapéutico. De esta forma nos detendremos a lo largo de la narración cuando detectemos un "pico o momento de dolor"; en ese momento es muy importante hacer que el paciente se detenga, cierre los ojos, se conecte con su cuerpo e intente descubrir qué siente (no lo que piensa, sino lo que siente) y una vez que logre nombrar la emoción, regresamos al cuerpo, para ayudarlo a encontrar el lugar donde está "instalada" la emoción. *El trabajo integral mente-emoción-cuerpo es crucial para trabajar con historias traumáticas.* Por ello vale la pena introducir en este momento ejercicios de respiración para evitar la hiperventilación.

Técnicas de respiración

La relación entre procesos emocionales y fisiológicos es muy estrecha y ocurre de manera espontánea. Cuando sentimos ansiedad, automáticamente respiramos más rápido, y esto nos prepara para la acción: el pulso aumenta, la presión arterial se eleva, se libera adrenalina.

De esta manera, durante los momentos de peligro, el cuerpo se resiste a hacer frente a un uso inmediato de "lucha o huida". Ante una situación de amenaza, nuestro cerebro tiene dos principales reacciones: pelear o correr. Cuando ninguna de estas opciones es posible, existe una tercera reacción: paralizarse. Esta reacción es la responsable del trauma psicológico.

Si estás realizando un deporte, este tipo de respiración permite actividades más extenuantes. Sin embargo, cuando la ansiedad es el resultado de un detonador o recuerdo, la energía adicional no se usa y, por lo tanto, no se libera. Paradójicamente se presenta una sensación de asfixia y tendemos a tomar más aire, pero nuestra actitud es errónea ya que ocasiona una espiral de asfixia con fenómenos más frecuentes y de poca profundidad respiratoria llamado hiperventilación.

Estos fenómenos pueden incluir:

- Mareo
- Dolores de cabeza
- Zumbido de oídos
- Hormigueo o sensación de rigidez y frío en las extremidades
- Presión en el pecho
- Abdomen hinchado o gas
- Diarrea
- Cambios en el campo de visión
- Un cierto enloquecimiento y pérdida de control

Estas sensaciones aumentan nuestro estado de ansiedad y pueden provocar un ataque de pánico; una posible explicación es que las respiraciones frecuentes alteran el equilibrio entre el oxígeno y el dióxido de carbono en la sangre. Para restablecer el equilibrio, la respiración debería "desacelerarse".

Esto puede hacerse de la siguiente manera:

- Hacer inhalaciones cortas
- Alargar las exhalaciones
- Realizar pausas entre inhalación y exhalación

Debido a que cuando estamos en un estado de ansiedad sentimos la necesidad de inhalar más aire, no es fácil ser capaces de frenar la respiración en ese momento, por lo que respirar lentamente debe practicarse en situaciones neutrales, o sea, en lo cotidiano, no en periodos o momentos de ansiedad. Recomendemos, pues, este ejercicio entre sesiones, diario, tres veces al día:

- Hacer una respiración corta por la nariz: contar 3 segundos.
- Hacer una pausa entre inhalación y exhalación: retener el aire por 5 segundos.
- Exhalar por la boca lentamente, en 6 segundos.

Éstos serían los tiempos promedio sugeridos, sin embargo, están sujetos a la "comodidad de cada quien".

Lo importante es que al hacerlo sintamos cierto alivio.

Es recomendable repetir el ejercicio cinco veces, tres veces al día, ya que este ejercicio es acumulativo, es decir, ayuda a estar más tranquilos y relajados, y después de hacerlo, como parte de nuestra rutina cotidiana, lograremos aplicarlo en momentos de ansiedad.

También es importante tomar en cuenta en esta fase de ***narración del evento*** una serie de signos que pueden indicar el grado de procesamiento de la experiencia dentro del paciente.

Signos de un proceso de recuperación adecuado:

- El paciente narra el evento con una verbalización pertinente.
- El paciente da la sensación de que puede relatar su experiencia desde fuera y es capaz de ver la historia desde diferentes perspectivas.
- La forma en que la historia es contada es adecuada en términos de coherencia para el terapeuta que la escucha.

La mayoría de los individuos es capaz de llegar a este estadio aproximadamente de uno a tres meses después de haber experimentado el evento traumático.

En contraposición a un proceso de recuperación adecuado, los signos que nos revelan el fenómeno contrario son los siguientes:

- Alto nivel de "emociones turbulentas" al describir el evento, como si el paciente estuviera experimentándolo en ese momento.

- El paciente narra una historia fija, generalmente corta y con muchas omisiones.
- El paciente se centra en detalles específicos y es incapaz de contar la historia de todo el evento.

Cuando estos fenómenos se presentan un mes o más después del evento, esto indica que hay una clara necesidad de una intervención profesional para ayudarlo en el procesamiento del evento.

El propósito inicial de la terapia es entrar en la experiencia de la historia a través de centrarse en los detalles. Vamos a lograr que el paciente *entre* en la experiencia y no hablar *sobre* la experiencia. Por lo tanto, durante esta fase de la terapia no preguntaremos acerca de los pensamientos, sino acerca de los sentimientos sobre el evento, y no ofreceremos interpretaciones.

Pautas a tomar en cuenta para el terapeuta

Preguntas relacionadas con el tiempo:

Ejemplo:
¿Te acuerdas cuándo se produjo el evento?
¿Era verano / invierno?
¿Mañana / tarde?
¿Hacía calor / frío?

Preguntas relacionadas con el lugar:

Ejemplo:
¿Dónde estabas? ¿En camino de… a…?
¿Estabas solo o había alguien más contigo?

¿Quién estaba sentado a tu lado / detrás de ti, o ibas caminando solo, acompañado?

En conclusión, podemos constatar que estamos apoyando la narración del paciente en "tiempo presente", ayudándole a traer esa descripción al momento actual. En esta etapa se puede decir, por ejemplo, en el caso de un accidente de coche: *Estás regresando de la escuela con los niños, de camino a casa los niños van sentados contigo en el coche, tu hija mayor va a tu lado, y entonces ¿qué sucede?*

El inicio de la parte traumática del evento:

¿En qué momento te diste cuenta de que algo no andaba bien?

Con respecto a la secuencia de eventos, tenemos que plantear preguntas prácticas como:

¿Qué sucedió después?

¿Qué hiciste, qué hicieron los demás?

¿Qué dijiste / viste / oíste / oliste / sentiste en el cuerpo?

Como terapeutas podemos introducir una escena retrospectiva (*flashback*) emocional del evento, incluso podemos mirar hacia un lado como si presenciáramos el evento. Generalmente hay un aumento en el nivel de agitación, que a menudo se expresa en llanto u otros signos físicos de la emoción. Vale la pena permitir esto y permanecer emocionalmente cerca del paciente. No es recomendable interpretar. Se puede preguntar ¿qué te está provocando esto ahora?, y permitir al paciente responder.

Una vez que lo observamos más tranquilo podemos regresar preguntando:

¿Te parece bien que volvamos a la historia? Dijiste estar parado frente al coche viendo el humo… vamos a volver a ese momento, y ¿qué está sucediendo ahora?

Existen pacientes que se mantienen emocionalmente distantes, proporcionando un tipo de "informe sobre lo sucedido" que no está emocionalmente conectado con la experiencia. Con el fin de ayudarles a acercarse a ella, podemos plantear preguntas detalladas, como:

¿Puedes verlo ahora en tu imaginación?

¿Cómo ibas vestido ese día? ¿Cómo vestía la persona frente a ti?

¿Cómo se llama la persona sentada a tu lado?

¿Cuántos años tiene tu hijo hoy? (si el hijo estaba presente durante el evento), etcétera.

Como terapeutas es muy importante mantener contacto visual, una actitud empática e interesada y un tono de voz calmado y cálido.

Lo que queremos lograr es un nivel de detalle que nos permita ver el evento como si estuviéramos ahí, o como si tuviéramos que representarlo, por ello es que nos volvemos testigos de todo lo que sucedió. Para llegar ahí debemos hacer preguntas que nos ayudarán a entender la secuencia de los eventos, lo que cada persona dijo e hizo. Es importante colocar la secuencia de acontecimientos en una línea de tiempo con preguntas como:

¿Cuánto tiempo pasó desde que chocaste hasta que saliste del coche?

¿Cuánto tiempo esperaste la ambulancia?, etcétera.

El final del evento:

¿Cuándo y cómo finalizó el evento para ti?

A veces nos damos cuenta de que el evento no ha finalizado aún o que pasaron meses antes de que terminara para el paciente.

A menudo surgen muchos pensamientos dentro del paciente después de esta fase terapéutica. Hay quienes descubren nuevos detalles, ven el evento de una manera diferente o llegan a conclusiones distintas con respecto a lo que sucedió.

Hay algunos que empiezan a reflexionar acerca del significado que el acontecimiento tuvo para ellos. Hay otros capaces de ver la secuencia de los eventos de una manera más clara y entender mejor aún cómo sucedieron las cosas.

Concluyendo en esta fase de la narración es importante preguntar al paciente: ¿cómo fue recordar *el evento una vez más?* Si el nivel de agitación sigue elevado, podemos ayudarle a regresar al momento actual utilizando la siguiente sugerencia:

Hagamos unas cuantas respiraciones; poco a poco, sintamos cómo nuestros pies tocan el suelo, cómo está descansando nuestra espalda en la silla, etcétera.

La mayoría de los pacientes con los que he tenido la oportunidad de trabajar de esta forma consideran la entrevista empática, ya que perciben que me interesé en ellos y en lo que experimentaron. El enfoque en los detalles del evento les muestra que no evitamos escuchar todos los detalles de la historia, que a menudo son horribles, y que estamos dispuestos a soportar las intensas emociones que la memoria evoca también para nosotros. Es una forma importante de contención del dolor.

Al principio de la terapia esto ayuda a establecer una buena alianza terapéutica donde el terapeuta es capaz de escuchar la experiencia, para dirigir el proceso terapéutico a la vez que ofrece un control y relación de empatía con el paciente.

Al término de esta sesión de narración es importante indagar cómo están en ese momento sus redes sociales: ¿quién lo está acompañando? ¿A dónde se dirige después de la terapia? ¿Tiene amigos? Y en el caso de que esté muy solo, ayudarlo a pensar en cómo puede crear redes de apoyo.

La soledad es uno de los temas más importantes que tenemos que ver con los casos de trauma. Que no se sientan solos sino que se abran y dejen entrar a "más personas en su historia".

Asimismo nosotros como terapeutas podemos necesitar de otro terapeuta, los grupos y las supervisiones son muy importantes. Recordemos que como terapeutas también debemos cuidarnos, ya que tratar con muchos casos de trauma ocasiona un ***burn out***. Este término tan usado en el lenguaje terapéutico se refiere a que ciertos casos o ciertos temas ocasionan un excesivo consumo de nuestra energía, por lo que debemos estar atentos a ello y pedir ayuda, o recurrir a grupos de supervisión con nuestros colegas.

Directrices para la construcción de una jerarquía dentro de la fase de narración

Puntos importantes a considerar:

1. Fase anterior a la construcción de la jerarquía

Proporcionar al paciente una explicación sobre la lógica de la exposición imaginaria y el método de trabajo. Es decir, trauma es caos y debemos ordenarlo. Por ahora, para construir la jerarquía debemos quedarnos *con* lo que sucedió tanto como sea posible y no hablar *acerca* de la situación.

2. Fase de recopilación de los momentos destacados o prominentes

Regresa el evento, como si estuvieras leyendo un cuento o viendo una película. Ahora, trata de dividir la película en escenas o imágenes. ¿Cuáles son las imágenes o momentos que más resaltan para ti cuando regresas al evento? Por nombrarlo de alguna forma, lo denominaremos: momentos más destacados. Ahora, haremos una lista de los más relevantes (esta lista no tiene que estar necesariamente en orden).

Lo importante es escuchar empáticamente cada escena narrada, manteniendo contacto visual con el paciente, sin hacer preguntas o pedir detalles.

Posteriormente le pondremos un título a cada una de las escenas y le preguntaremos al paciente si dicho título es el adecuado, cambiándolo si fuera necesario.

Cuando el paciente haya terminado de describir las situaciones, deberemos preguntarle: *¿Qué otras situaciones significativas o relevantes hubo en el evento? ¿Recuerdas cuáles fueron las imágenes más destacadas?*

Finalmente, si como terapeuta notamos que hay otra parte significativa que el paciente no mencionó, y que recordamos de la narración de su historia, podemos sugerir que lo haga. Y según sea la respuesta que nos dé en ese momento, será cuando decidiremos juntos si esta parte adicional debería incluirse en la lista o no.

3. Fase de valoración de las imágenes, empezando por las peores

Mostraremos la lista que acaba de hacer, leyéndola en voz alta. Preguntaremos: *cuando piensas en cada una de las situaciones o imágenes en este momento, ¿cuál parece ser la situación más difícil / atemorizante / estresante / dolorosa?*

Lo que necesitamos es ir valorando las situaciones enlistadas una a una, que el paciente logre acomodarlas y enumerarlas en orden decreciente: 1 = la peor.

4. Fase de construcción y evaluación de las escalas SSM (sensaciones subjetivas de malestar)

Ahora construiremos juntos una escala en la cual podamos valorar el nivel de angustia que sentiste en diferentes situaciones: dibuja una línea en la página con 10 en un extremo y 0 en el otro, donde 10 representa la mayor angustia que hayas sentido en tu vida. ¿Te acuerdas cuándo sentiste o viviste eso? ¿En qué situación? Describe en pocas palabras lo que valoras como 10 para situarlo al lado del 10. Por lo tanto 0 representa un sentimiento de no tensión, de calma, una sensación agradable. ¿Puedes recordar cuándo sentiste esto? ¿En qué situación? Descríbelo en pocas palabras, y sitúalo al lado del 0.

Luego volveremos a la lista de las situaciones difíciles que fueron evaluadas anteriormente.

En relación con cada situación, deberíamos preguntar: *Si pensaras ahora sobre la situación en la que…* (describe la situación en palabras del paciente, incluyendo los nombres, si existen), *¿cuál es el nivel de tensión o angustia que sientes ahora?* (escribe las sensaciones subjetivas de malestar, cerca del título que describe la situación).

5. Fase de descripción de la situación elegida

Vamos a elegir, junto con el paciente, la primera situación en la que trabajaremos. Se sugiere elegir una situación en la gama media de la escala SSM, que ejemplificará al paciente el trabajo de exposición con un detonador que no sea particularmente el más fuerte. En el ejercicio es posible comenzar con una situación que cause mayor agitación si el paciente lo desea. Podemos sugerir por ejemplo: *¿Qué situación, entre 5 y 6,* *te significa más en este momento, o parece ser la más relevante para ti ahora, para que podamos trabajar con ella?*

En relación con este momento, conviene preguntar: *¿Qué fue?, ¿dónde y cuándo fue?, ¿qué sucedió exactamente en cada momento?* (si esto todavía no se sabe), *¿qué viste, qué oíste, qué colores, qué oliste, qué otras sensaciones corporales aparecieron?* (a veces los pacientes se tocan automáticamente la garganta o el pecho, o la cabeza, y entonces es importante preguntar si también sintieron algo en la cabeza, pecho, garganta, etc.), *¿qué había a tu alrededor, qué hicieron las otras personas?* En otras palabras, el terapeuta tratará de obtener una imagen tan detallada como sea posible, y de poderse, como si él mismo la viviera a través de los ojos y otros sentidos del paciente. Es como si el terapeuta pudiera ver la fotografía de lo que los pacientes describen.

Teniendo en cuenta la duración prevista para esa sesión, se pueden trabajar una o dos situaciones.

6. Fase de narración

Después de describir la situación intermedia (5, 6) que trabajamos, le pediremos al paciente: *Vamos a volver ahora a la situación más estresante que habías nombrado (10). ¿Qué es lo que ves? ¿Qué es lo que escuchas? Intenta imaginar como si estuviera sucediendo en este momento. ¿Puedes recordar cada detalle de esta situación?* Es necesario darle un tiempo para que así lo consiga.

A continuacion le pedimos que permanezca en esa situación. *Intenta revivir las sensaciones que percibes en este momento, y qué es lo que las está provocando, incluyendo las de tu cuerpo*. Si el paciente logra describir con detalle esta situación, tendríamos que animarlo a que se mantenga ahí por un tiempo.

Si el paciente no consigue conectar emocionalmente con el recuerdo de la situación, o no tiene éxito en recordarla, se le puede ayudar a "darle vida" a la situación, por ejemplo, recordándole colores, nombres u otros detalles. Para algunos pacientes resulta útil que el terapeuta describa la situación o que les pida a ellos que la describan durante la narración. Para otros es más fácil imaginar la situación en la memoria, sin palabras.

Para muchos, revivir los momentos difíciles provoca mayor agitación. Si comprobamos que la agitación no disminuye, incluso después de un tiempo, podemos pedir que perciba la silla sobre la que está sentado, o que haga algo que le permita controlar esta agitación (por ejemplo, respiración relajada, localizar un lugar cómodo, un "espacio seguro" u otra herramienta). Después, podemos pedirle que vuelva a la situación en la que estamos trabajando.

Es posible ir y volver varias veces entre las situaciones de estrés y las de calma, hasta que haya una disminución en los niveles de agitación durante la narración del evento traumático. Frecuentemente, se necesita más de una sesión para alcanzar este estado.

Es importante decirle al paciente después de su narración que hizo un trabajo muy importante y difícil, y que eventualmente le ayudará a resolver el problema. El paciente deberá de estar preparado para ver su trabajo como proceso, y que lo que comenzó en la consulta continúe progresando también en su casa. Las imágenes o emociones pueden volver durante el día o la noche, lo cual es positivo y esencial para la etapa de procesamiento. Se sugiere pedirle al paciente que cada día durante un lapso de tiempo (15-30 minutos) escriba aquellos recuerdos que vuelvan a su mente y los pensamientos que surgieron a partir de estos recuerdos.

Capítulo 10

RESIGNIFICACIÓN

El objetivo de la vida es que
el pulso de tu corazón coincida
con el pulso del universo.
Joseph Campbell

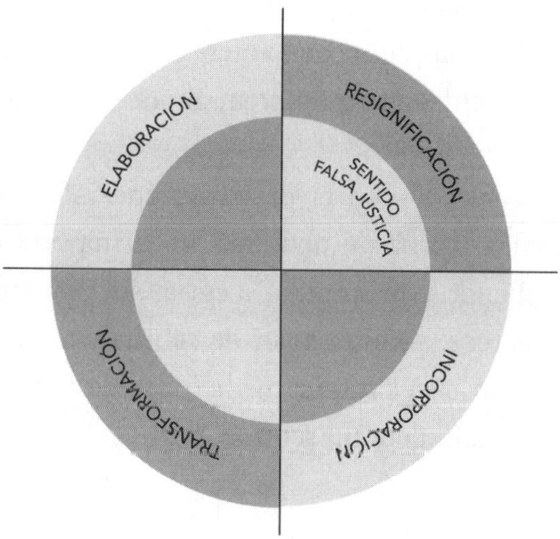

La resignificación de la experiencia tiene que ver con el proceso de encontrar qué sentido tiene o tuvo en nuestra vida lo que experimentamos, cambiar los "porqué" en "para qué", y comprender el verdadero significado de la justicia.

La resignificación pasa por dos fases: *sentido* (para qué vs. por qué) y *falsa justicia.*

El sentido

Lo que para nosotros no tiene sentido será muy difícil poderlo procesar y resignificar. Los seres humanos nos movemos "por sentido", esto quiere decir que lo que consideramos que tiene sentido lo asimilamos, lo que no, tendemos a desecharlo; esto ocurre no sólo en la vida de los traumas sino también en cualquier evento de la vida cotidiana. Podemos poner como ejemplo cuando te propones dejar de fumar, porque todo mundo dice que te hace daño; si es algo que tú disfrutas, lo que dicen los demás no es una razón suficiente para dejarlo, pero si tienes tos o bronquitis constantes y visitas al médico y te dice que tienes enfisema pulmonar, ahora sí, dejarlo tiene un sentido.

Lo mismo sucede con el peso, si tienes sobrepeso y no tienes síntomas físicos de malestar, ni te importa tu figura, seguirás comiendo con singular alegría; sin embargo, si empiezas con mareos, vómito, dolor de cabeza y te diagnostican diabetes o algún otro síntoma médico debido a tu sobrepeso, ponerte a dieta adquiere un sentido.

En múltiples ocasiones ya sea en talleres a profesionales en trabajo con trauma, o en conferencias a público en general, cuando hablo de este tema del sentido surge la misma pregunta: ¿cómo encontrarle sentido a un sinsentido? Es decir, ¿cómo encontrarle una explicación que nos deje en paz y satisfechos a una experiencia que rompe todos los esquemas lógicos y que además es cruel y dolorosa? Mi respuesta es siempre la misma: "Pues aún así, hay que encontrarle un sentido".

¿Cómo encontrarle un sentido a un secuestro? ¿Cómo buscar un sentido a un cautiverio donde tu libertad está suspendida? Fue difícil en un principio, ya que brotaban sin cesar "porqués" y más "porqués". ¿Por qué habré salido a correr a esa hora inusual? ¿Por qué no escuché mi cuerpo que daba señales de franco cansancio por haberme desvelado la noche anterior?

En fin… una lista interminable de preguntas sin respuestas. Yo misma me encontraba en el laberinto sin salida "del porqué".

¿Y cómo fue que logré salir de este laberinto existencial? Fue hasta que quien sería después mi maestro en la especialidad de trauma me hizo una pregunta, que en un principio parecía simple y sencilla, pero llevaba implícita una importante reflexión: ¿y si esto que viviste tuviera un "para qué" en tu vida, cuál sería? A manera de metáfora lo primero que logré pensar fue en "correr menos".

Reconozco que a lo largo de mi vida he sido una persona "inquieta y movida", pero el no haberme escuchado esa mañana y haber salido a correr a una hora inusual, en pleno sol de medio día y con dolor de cabeza, en un domingo que tocaba descanso, me remontaba a esta idea de que mi reto o aprendizaje consistiría en vivir de forma más pausada, más conectada con mi cuerpo y sobre todo en poder flexibilizar creencias y patrones de conducta. Parecía que la rigidez y la obsesión ya no eran tan buenas compañeras.

Otra pregunta recurrente en este tema de experiencias es si estas preguntas sirven únicamente para un secuestro o pueden ser válidas para otros tipos de crisis, traumas o incluso enfermedades crónicas o terminales.

Hoy puedo afirmar a lo largo de mi trabajo clínico de estos 12 años, en este campo de trauma y resiliencia, que estas reflexiones son muy útiles si son aplicadas a cualquier tipo de crisis, pérdida, enfermedad, desastre natural o experiencia traumática, donde sentimos que lo vivido dejó huellas que afectan nuestro funcionamiento cotidiano o incluso que paralizan nuestra vida.

La dificultad para encontrar la respuesta reside en el tipo de experiencia, en la duración de la misma y en el impacto que haya tenido en nuestra vida.

Entiendo que no es lo mismo, ya que todas son vivencias diferentes, haber terminado con una relación amorosa significativa, haber pasado un mes en estado de coma, haber perdido una casa en un sismo, haber perdido a un ser querido de forma cruel, o haber sido secuestrada.

Sin embargo, si en cualquiera de estas experiencias nos quedamos en un eterno "porqué" y no encontramos el "para qué", nos estancamos en un estado de victimización, y si tampoco le encontramos un sentido a la vivencia en nuestra vida, es muy difícil resignificar e integrar lo vivido desde el "sinsentido", ya que corremos el riesgo de vivir acompañados de dolor, reclamos eternos y con un tinte de amargura.

Es por esto que mi primer gran reto, cuando tengo la oportunidad de que algún paciente venga a pedir ayuda, es escuchar su historia y guiarlo a que encuentre respuestas a estas preguntas.

¿De dónde viene esta tendencia instintiva de correr a la búsqueda de los "porqués"?

En la cultura occidental nos han enseñado a buscar el porqué de las cosas, ¿por qué sucedió esto o lo otro?, no únicamente en fenómenos físicos como: ¿por qué justo ahora se descompuso el elevador? ¿Por qué justo ahora se me ponchó la llanta? ¿Por qué ahora que llevo prisa no arranca mi automóvil? ¿Por qué me asaltaron? ¿Por qué me secuestraron? De igual forma solemos hacerlo con fenómenos naturales: ¿por qué llovió si no estamos en época de lluvia? ¿Por qué hace frío si es pleno verano? Y más grave aún, buscamos respuestas muy específicas a situaciones que pertenecen al terreno emocional cuando en su mayoría, no las hay. Por ejemplo: ¿por qué si estaba tan enamorado de mí, ya no lo está? ¿Por qué se divorció esta pareja si parecía que se amaba tanto?

En fin, podríamos hacer una lista infinita de "porqués" que finalmente siempre nos dejarían insatisfechos, ya que no siempre las respuestas pueden ser lineales: causa-efecto.

La mayor parte de las incógnitas en este tipo de fenómenos, incluyendo experiencias traumáticas, suele ser más compleja o más simple, dependiendo de la mirada con la que elijamos verla. Más complejo sería para quienes suelen ver la vida de manera muy concreta, es decir, buscando la única y exclusiva razón para encontrar la respuesta al porqué específico, y seguramente se pasarán mucho tiempo dándole vueltas a las situaciones, que en su mayoría no encontrarán la respuesta esperada.

Mucho más simple es para quienes suelen ver la vida de manera sistémica, sabiendo que las razones no son únicas, sino que "coexisten" varias causas o razones para tal o cual resultado. En el ejemplo de por qué esta pareja que parecía que tanto se amaba, se divorció, seguramente hay varios argumentos y sucesos que se fueron tejiendo a lo largo de su relación; se amaban pero también "no se amaban", había cosas buenas que disfrutaban, pero también unas no tan buenas; la relación era funcional y no funcional, hasta que el peso y la balanza se fueron inclinando a ese resultado. Buscar el "y" en vez del "o" es muy útil e implica una postura incluyente.

En el caso de una experiencia traumática que rompe con toda la lógica, en la que ninguna explicación es suficiente, comenzar por cuestionarnos: ¿por qué nos sucedió? ¿Por qué le pasan cosas malas a la gente buena? ¿Por qué se nos ocurrió salir de casa justo a esa hora?, nos irán hundiendo más y más hacia un abismo donde sólo cabe el dolor y el reproche.

Sin embargo, podemos dar un salto, que consiste en despedirnos del porqué de las cosas y empezar a buscar y a entender el para qué.

Si pensamos en el "para qué" nos tocó vivir esto u lo otro, es decir, si ya sucedió así, ¿para qué tuve que haber vivido esto en mi vida? ¿Qué me aportó? ¿Tuve un aprendizaje importante? Buscar esas respuestas, que no es cosa fácil, nos pone en la antesala para buscarle un sentido a lo que vivimos. *Éste es el primer paso para el crecimiento postraumático*, ya que nos permite cuestionarnos lo siguiente: ¿cómo trascender a partir de esta experiencia? Si pudiera cambiar mi vida o mi realidad, ¿cómo lo haría? ¿Cómo me visualizo a partir de ahora?

Falsa justicia

Otro punto muy importante que no nos permite avanzar es la *teoría de la falsa justicia*, o justicia universal, con la que solemos vivir.

Esta teoría hipotéticamente dice que "las cosas malas le pasan a la gente mala" y que a la gente buena sólo le suceden cosas buenas, ya que es merecedora de alegría, felicidad, armonía y bendiciones. Esto no es cierto, y todos los eventos traumáticos que rompen con cualquier sentido de la lógica más elemental lo demuestran, pues sí, desafortunadamente la vida es incierta y todos estamos expuestos a que nos pueda suceder de todo.

Como decía Amado Nervo: "El cielo es azul, el mar es salado y la vida es incierta". Aunado a esto, existe la creencia popular de que las cosas le suceden a los demás y no a nosotros mismos, o sea, "no te pasa, hasta que te pasa".

Yo veía los secuestros como algo muy ajeno, pensaba que secuestran a los "potencialmente secuestrables", no a mujeres como yo, sin embargo, hay infinidad de teorías que dicen que las cosas no son posibles hasta que suceden y, una vez que esto pasa, sale otra infinidad de teorías que explican el por qué sí era probable que sucedieran. En el libro llamado *El cisne negro*, el autor Nassim Taleb nos explica el impacto de lo altamente improbable como sería encontrar un cisne negro; al encontrarlo, la lógica cambia, ya que se vuelve probable, y en ese instante surgen miles de explicaciones de la probabilidad que harían más asequible su hallazgo. Lo mismo sucedió con las Torres Gemelas, era casi imposible ese ataque, sin embargo, una vez sucedida la tragedia, surgieron múltiples teorías que explicaban por qué sí existía esa probabilidad. Así también la lógica de la justicia, y lo mismo sucede con los desastres universales o las desgracias humanas, o en mi caso, con el tema de ser secuestrada.

Cuando vivimos momentos difíciles o críticos estos pensamientos acerca de lo justo y lo no justo invaden nuestra mente, por lo que es importante escuchar todas las ideas y creencias que nuestros pacientes tienen en relación con el tema de la justicia, para poder ayudarles a entender de dónde vienen y cómo se han gestado en el interior de todos y cada uno de ellos. ¿Son de origen religioso? ¿Son legados familiares? ¿Son creencias personales que habían funcionado hasta ese día?

Y con todo el miedo que significa confrontar la propia vulnerabilidad, es el momento de hacerlo, ya que no se trata de "compadecer" o "evitar confrontar", sino por el contrario, el fortalecimiento viene de la comprensión y de la aceptación, de que muchas ideas o preceptos con los que hemos vivido a lo largo de nuestra vida son cuestionables; y este momento puede ser la oportunidad de cambiarlos o bien resignificarlos, a partir de la experiencia traumática. Es a partir de aquí que vendrá el fortalecimiento y el crecimiento personal.

Capítulo 11

INCORPORACIÓN

Las turbulencias son la fuerza de la vida. Brindan oportunidades. Amemos las turbulencias y sirvámonos de ellas para cambiar.
RAMSAY CLARK

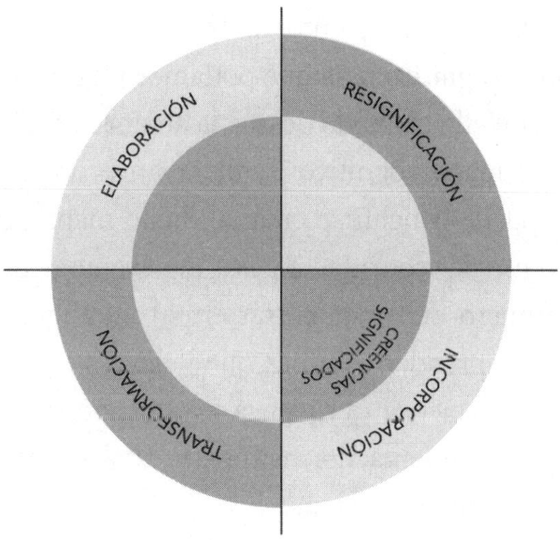

El elemento más importante de la narrativa traumática es el final. Es el final el que organiza el caos. Es el final el que permite reconocer que la amenaza quedó en el pasado y que hoy "estoy a salvo".

La incorporación de la experiencia se refiere a ***intervenciones cognitivas*** para que lo ocurrido forme parte de nuestra vida. El "contenido y la verdad" no son lo importante, lo que queremos lograr es que el paciente "acomode" la experiencia de tal forma en su interior que le cause menos dolor o menos problema o menos alteración. Y que las *conductas de evitación* derivadas de la experiencia, que hasta este momento paralizan o alteran su vida cotidiana, sean sobrellevables (asuntos o situaciones que en algún momento eran parte de su rutina y ahora no le es posible realizarlos o enfrentarlos).

Resumiéndolo en una frase podríamos decir que el objetivo de esta fase es que logre *conquistar cierto nivel de paz interior.*

Las intervenciones cognitivas tienen como finalidad *incorporar* el acontecimiento como parte de su historia y de su vida.

El reto después de eventos extremos es el de readaptar nuestro *mapa cognitivo* para que podamos seguir funcionando y evitemos con ello el miedo de que la amenaza sea recurrente; el adaptar el mapa cognitivo requiere un proceso de aprendizaje que puede concluirse cuando dicho mapa proporcione un sentimiento de seguridad a pesar del evento ocurrido. Para lograrlo, primero debemos entrar en su "configuración interior", para comprender cómo es que llegó a ser quien es, por qué piensa como piensa, qué piensa de sí mismo, de su vida, qué emociones experimenta normalmente, cuál es su estado de ánimo más frecuente, etcétera.

A veces puede suceder que la ansiedad inicial generada por el evento baje, por los pasos o procesos anteriores, pero constatamos que el paciente sigue sin hacer lo que quisiera con su vida, paralizado física y mentalmente, y esto puede deberse a que cognitivamente puede estar siendo bloqueando por su sistema de creencias (juicios, ideas, merecimientos, etcétera).

Es por esto que la incorporación pasa por dos fases: *creencias* y *significados*.

Creencias

Ciertas creencias o pensamientos pueden ocasionar bloqueos para incorporar internamente la experiencia, por lo que debemos trabajarlas a través de intervenciones dirigidas a "deconstruir" la parte rígida, o bien a indagar qué "discursos internos" fluyen dentro del paciente sobre su vida, su pasado, o bien sobre el evento o el suceso traumático, que de alguna forma impide un sano avance.

Tuve la oportunidad de trabajar en el caso de un feminicidio en el que la madre tardó en ir a recoger a su hija del colegio debido a que estaba haciendo la comida y, según sus propias palabras, "la sopa se tardó en cocer". Cuando por fin pudo ir a recogerla desgraciadamente la encontró muerta y su reflexión fue la siguiente: "Me lo merezco por ser impuntual", "siempre se me hace tarde en la vida para todo", "nunca calculo bien mis tiempos". Sin embargo, cabe formular la pregunta: ¿de qué le servían entonces estos pensamientos o decretos? Lo más probable es que el desafortunado evento no tuviera nada que ver con esas creencias que se planteaba, y quedarse instalada en esos pensamientos tampoco la haría avanzar en su proceso. Es por ello que debemos salir de esa "lógica" y pasar a preguntas que conecten emociones y posibilidades alternativas.

Podríamos preguntarle: si todo fuera posible, ¿cómo te gustaría sentirte? ¿Es necesario y útil para ti sentir miedo?

Recordemos que las creencias originan nuestros pensamientos, que a su vez originan nuestras emociones, por eso es útil usar recursos para no enredarnos en más pensamientos. Poniendo como ejemplo la posibilidad de crear una imagen concreta, es muy válido observar si el paciente puede estar más calmado ante esta imagen o situación. Mi experiencia me indica que los pacientes refieren que el significado les cambió, que se sentían muy ansiosos en un principio al rememorar la imagen o la escena pero que ya no, por eso es conveniente dirigirnos al significado de la experiencia hasta el final.

Podemos preguntar: esto que antes no podías hacer y hoy sí puedes, ¿qué significa para ti poder hacerlo? ¿Qué dice de ti? Esta pregunta intenta darle un significado distinto a "lo que el paciente se dice de la experiencia", resignificarla.

Es importante que el paciente reconozca que fue él quien logró darle este nuevo significado al evento, no el terapeuta, y que cada pequeño paso hacia continuar con la vida que quisiera o que elige tener es un paso grandioso.

Esto es lidiar con significados.

Ejercicio útil para cuestionar creencias

Como oportunidad de aprendizaje y crecimiento, éste es un buen ejercicio para ayudar a los pacientes a lidiar con creencias limitantes. La instrucción sería:

Busca algo que te irrita, que quisieras reaccionar de forma diferente ante ello. Asuntos sociales, dificultades para decir sí, no.

Exponer una creencia concreta, por ejemplo:

"Siempre que me invitan o me sugieren algo, digo que sí. No sé decir no."

Esta incomodidad que sientes, del 1 al 10, ¿dónde la ubicas?

Es bueno ampliarla, primero como un rompecabezas en el que se puedan nombrar todas las partes para entenderlas y así ubicar aquella que predomina en la incomodidad.

De esta forma llegamos a una cognición particular que queremos trabajar:

"No tengo fuerza para elegir lo que quiero, siempre eligen por mí."

¿Qué tan mal te hace sentir este concepto?

¿Sería una buena idea cambiarlo?

¿Por qué? (Es una pregunta de motivación, para que a ellos les quede claro por qué lo quieren cambiar.)

¿Es realista?

¿Vale la pena cambiarlo? ¿Por qué vale la pena cambiarlo?

De nuevo estamos cuestionando la motivación.

Significados

Esta última parte que acabamos de describir ya habla de significados. El significado tendrá que ver con cambiar la narrativa o la historia final de lo que vivimos, para facilitar el acomodo interior de la misma. Pero primero valdría la pena aclarar lo siguiente: ¿cuál es la diferencia entre una vivencia y una experiencia?

La vivencia, como su nombre bien dice, es lo que vivimos, y la experiencia pasa por el matiz del significado, con esto me refiero a que la forma en la que significamos nuestras experiencias determina la calidad de nuestra vida. Y esta forma dependerá de nuestra historia; sistema de creencias; pensamientos, ya sean racionales, religiosos o espirituales, y finalmente del proceso de elaboración de la misma.

Por ello ante vivencias similares tendremos significados muy distintos. El objetivo final del trabajo con trauma es el de la ***resignificación*** de la experiencia traumática, que será relevante para sellar el proceso de la incorporación.

Como forma sencilla de ejemplificar lo anteriormente descrito, podríamos poner una imagen de una mujer con un ramo de flores en las manos frente a 50 o más personas y pedirle a cada una que describa la imagen. Seguramente tendríamos tantas interpretaciones de una misma imagen como personas dentro del mismo auditorio. Ante la misma pregunta: ¿qué ves en la imagen?, habría quien diría: "Una mujer enamorada y feliz con un ramo de flores que le regaló el amor de su vida". Otra persona diría algo muy diferente: "Una mujer con mirada triste porque lo único que no hubiera querido es que le regalaran flores". Alguien más podría decir: "Una mujer nostálgica porque lo único que recibe en la vida son flores".

Y ¿de qué depende lo que cada quien respondería? De su sistema de creencias y de sus experiencias anteriores relacionadas con el tema "flores".

De igual forma sucede en los análisis de películas, obras de teatro, obras de arte, donde no es sólo "lo abstracto" sino el matiz de creencias personales que subyacen a la interpretación.

En crisis o traumas de vida sucede lo mismo. Podría narrar cómo en una ocasión una pareja vino a verme por un tema de divorcio; su relación se había deteriorado mucho y para él, divorciarse resultaba ser la única solución. Para ella, que venía de una historia familiar donde sus padres e incluso sus abuelos maternos se habían divorciado, y había vivido en "carne propia" las consecuencias de dos historias de divorcios, ésta no era una opción válida, ya que significaba repetir la historia de sus padres y abuelos; en su sistema de creencias significaba "un fracaso" y estaba dispuesta a hacer todo por no llegar a ese final.

Podríamos poner un sin fin de ejemplos, que al final nos volverían a remitir a temas de creencias y a formas de significar experiencias.

Intervenciones cognitivas

Es muy importante escuchar la historia que narra el paciente, validarla y que se sienta entendido. Al finalizar podemos preguntarle acerca de algún ejemplo de cómo esto que narra le afecta o le molesta en su vida:

Y más concretamente, ¿qué es lo que te molesta de esto?

Hacer con él una lista de jerarquías:

¿Cuál es la que te molesta más de todas?

Puede ser que haya quedado claro, en caso contrario, hacer incluso dos:

Cuando piensas en el hecho de... (es importante citar lo que refirió el paciente), *¿qué es lo que te significa?*

Hacer con él una lista de significados:

¿Cuál de todos estos significados es el peor?

Hacer una frase u oración corta y clara. Es muy importante esta frase pues será como ir deshojando una cebolla, hasta llegar al *centro* o *punto nodal* del significado:

Cuando piensas en estos momentos en esta oración, ¿qué tan mal te hace sentir del 1 al 10?

¿Crees que es una buena idea seguir con este pensamiento que te hace sentir así?

Si en ese momento responden que lo quieren cambiar, conviene preguntar:

¿Por qué quieres cambiarlo?

¿Es una meta realista o posible cambiar este pensamiento?

Es como si situáramos al pensamiento en una mesa para observarlo desde varios ángulos o puntos de vista:

¿Y si fuera posible cambiar el pensamiento, cómo se vería desde fuera? Algo observable y medible.

¿Qué diferencias habría en tu vida?

Sugerirle hacer una fotografía de esta situación hipotética y preguntarle:

¿Es una buena idea?

¿Cómo te haría sentir?

De esto se deduce una lista de significados. Llegaremos a uno en común: relevante para el paciente. Como ejemplo de lo anteriormente descrito cito a un paciente que tuve y con el que estuve trabajando, el cual presentaba miedo a cambiar de trabajo, aun cuando era inmensamente infeliz con él y con el maltrato que sufría por parte de su jefe. Casualmente en su casa tampoco se sentía bien, por lo que su frase era: "Si me quedo sin trabajo tendría que regresar a casa".

Y ¿qué significado tiene esto para ti? Su respuesta fue: "Perdería el respeto de mis padres, ya no sería admirado por ellos".

Los pasos en la dirección del cambio hay que "enraizarlos", como un árbol que estará débil hasta que no eche raíces. Los cambios deben ser sólidos y como especialistas debemos entender lo que significan para el paciente, así como las limitaciones y creencias implicadas.

La oración final siempre puede ser un punto de regreso para evaluar si vamos bien y si está teniendo sentido la oración o queremos cambiarla.

Es importante no dar respuestas sino ayudar a los pacientes a hacer preguntas, lo cual es una parte del procesamiento del trauma.

Siempre hay que entender y observar el panorama completo, ¡no hay que dar nada por hecho!

Núcleo del significado

Si el trabajo que hemos ido haciendo fuera como una cebolla, a la que le hemos ido quitando capas una a una hasta llegar al centro, éste sería el ***núcleo del significado***, o sea lo que más duele, lo que el evento traumático significó para él, esto nos recuerda que así como no hay sufrimiento ni dolor comunal, tampoco hay significados comunales.

Y precisamente llegar al punto nodal es lo que nos da la posibilidad de ***incorporar*** la experiencia.

Usando mi caso como ejemplo, el común denominador de la gente diría que mi miedo más grande o el núcleo principal del significado de mi experiencia fue ***el miedo***, miedo a no volver a casa, miedo a que me dañaran físicamente, miedo a que me violaran, etcétera. Sin embargo, después de haber trabajado mi experiencia descubrí que lo que más me traumó fue la idea de ***la libertad***, lo que para mí significaba ser libre. Saber que no soy libre, que mi creencia de libertad con la que he vivido a lo largo de mi vida fuera falsa, o al menos cuestionable, ya que podían arrebatármela en cualquier momento, fue el verdadero punto nodal de mi experiencia de secuestro.

Por ello es importante llegar a descubrir el núcleo del significado de cada quien, de forma cuidadosa, no únicamente para incorporar el significado de lo vivido, sino como antesala de transformación a través de la experiencia, que implica crecer y trascender a partir de lo vivido.

Capítulo 12

TRANSFORMACIÓN

Admiro a aquellos que cambian
para seguir siendo ellos mismos.
Bertolt Brecht

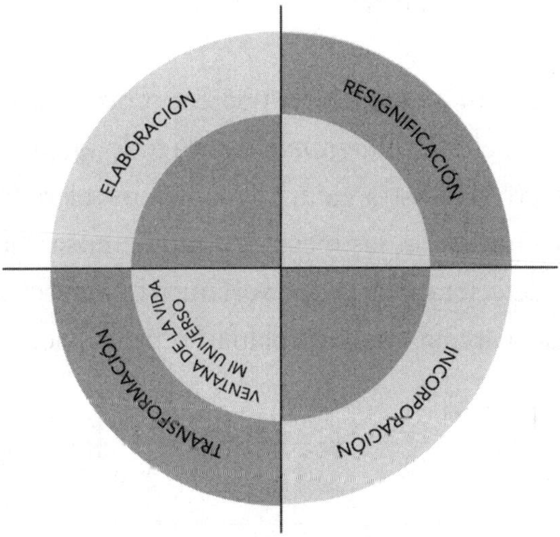

La transformación se refiere a la posibilidad de reconstruirnos interna y externamente. Hacia adentro, poniendo la experiencia en un lugar seguro y confiable, y hacia afuera, moviéndonos a crear algo a partir de lo que vivimos.

Resulta útil dentro de nuestra ventana de la vida volver a trazar nuestro ***electrovidagrama*** y ver hasta qué niveles se dispara la experiencia traumática, o bien, hacer conciencia de dónde es que la hemos colocado en comparación con otras vivencias y experiencias anteriores. Evaluar si hemos aprendido a autorregularnos emocionalmente, y por último a dibujar nuestro universo y rediseñarlo como ahora queremos que sea.

La transformación incluye las fases de: *Ventana de la vida o de la tolerancia* y *Nueva realidad / nuevo universo*

Ventana de la vida

Todos tenemos una ventana de nuestra propia vida donde, si trazáramos un *electrovidagrama*, cabría todo lo que hemos vivido a lo largo de nuestra vida, lo que hemos tolerado y no, los momentos altos, bajos, las mesetas o momentos relativamente armoniosos, etcétera, por lo que veríamos que nuestra vida tiene picos hacia arriba, mesetas planas, y picos hacia abajo.

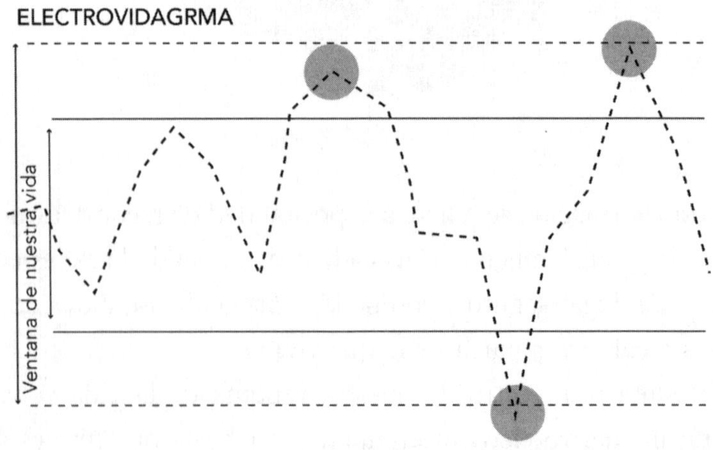

Los picos hacia arriba que sobresalen de la ventana son los momentos difíciles que hemos vivido, no necesariamente experiencias traumáticas, sino conflictos, crisis, momentos que "se nos han salido de las manos", o sea que no hemos podido o sabido manejar. También hablan sobre ciertas tendencias maniáticas.

Los picos hacia abajo son momentos "bajos" como depresiones, tristezas no resueltas que literalmente nos "hunden".

Y todos lo momentos que van en el centro de nuestra ventana es lo que sí hemos podido tolerar o manejar más o menos de forma estable, como suele ser en la vida: momentos de equilibrio, armonía, con dificultades y crisis, pero en los que de alguna manera hemos tenido las herramientas para sortearlos.

El trauma hace que sobrepasemos nuestros límites. En ocasiones, la explicación de por qué hay quienes desarrollan TEPT y quienes no, es porque hay quienes están todo el tiempo reexperimentando la experiencia traumática, o bien, evitándola. Éste es un punto crucial a evaluar como especialista en el tema.

En ocasiones, el simple miedo a pensar en el evento y que se salga de nuestro control hace que salgamos de nuestra ventana de la vida; por esta razón, en mi trabajo terapéutico intento enseñarles a mis pacientes a "ensanchar" la propia ventana de su vida, para que de esta manera se vuelvan más tolerantes, aprendan a autorregularse, a vivir en armonía y equilibrio, y por ende, la mayor parte de su vida se sitúe en la zona media o más o menos en el centro de su ventana, sin tantos picos hacia arriba o hacia abajo.

Varios autores consideran que existen dos caminos para el trabajo con este tipo de experiencias: o bien trabajar con los picos que sobresalen de la ventana, ya sea hacia arriba o hacia abajo, o bien, ensanchando la ventana de cada individuo para que los picos sean menores y no se disparen.

De acuerdo con mi experiencia, mi reto terapéutico es trabajar ambos a la vez, tanto los picos que sobresalen en cualquier dirección, como "agrandar la ventana" para que más eventos sean tolerables; de esta forma, el evento por el que deciden consultarme adquiere un sentido más amplio que no se reduce únicamente a trabajar la experiencia dolorosa o traumática, sino a configurar o reconfigurar toda una vida; así queda más clara la forma en que podrán enfrentarse a eventos futuros a partir de este momento. Para esto es necesario comprender el concepto de ***autorregulación emocional***.

En relación con este concepto, hay autores que parten de la hipótesis de que si desde pequeños enseñáramos a nuestros niños a autorregularse emocionalmente, es decir, a saberse conectar asertivamente con lo que sienten, a comprender por qué se sienten de tal o cual manera y qué es lo que está ocasionando tal o cual sentimiento, tendríamos adolescentes más estables y no jóvenes con "analfabetismo emocional".

Nombrar las emociones y comprender su origen debería ser un aprendizaje desde la primera infancia, y como padres tendríamos que enseñarles a nuestros hijos, por ejemplo: que "ese llanto desaforado" es por cansancio, que la tristeza está permitida y que así se llama cuando algo nos duele, y que llorar no es ni malo ni bueno, sino parte de la condición humana, etcétera.

Considero que este momento, el cierre del trabajo con una experiencia traumática, es una nueva oportunidad para replantear este punto: ¿cómo nos regulamos? ¿Cómo enfrentamos los retos emocionales de la vida? ¿Qué emociones sabemos controlar y cuáles se salen de nuestro control? ¿Cómo podemos aprender a autorregularnos más eficientemente?

Lo que trabajo con mis pacientes al llegar a este punto es precisamente el aprendizaje y la trascendencia de la experiencia vivida como punto de partida para reconfigurar la "tonalidad emocional", con la que a partir de ese momento eligen enfrentarse a los sucesos de su vida. En mi caso, reconozco el gran cambio que hubo en mí a partir de mi secuestro; todo ello me llevó a la conclusión de que es posible elegir las emociones que regirán nuestra vida, en vez de que sean ellas las que influyan sobre nosotros. Para mí, la planificación, la perfección y el que todo saliera exactamente como lo había planeado era lo que me hacía feliz, o por lo menos que ello lograra que tuviera un buen día. Hoy comprendo que la vida no es así, estructurar nuestro día y nuestra vida es válido, pero a la vez hay que estar conscientes de que nos pueden suceder cosas inevitables; más allá de enojarnos y paralizarnos debemos aprender a resolver y fomentar nuestra habilidad para no perder el control, lo que conlleva a ejercitar la flexibilidad. Éste fue uno de los tantos legados que me dejó mi experiencia de secuestro.

Nueva realidad / nuevo universo

Una vez pasado este recorrido terapéutico con la experiencia traumática, es necesario regresar a nuestra realidad y observarla.

¿Estoy donde quiero estar? ¿Haría algún cambio en mi propio universo? ¿Cuál o cuáles serían estos cambios? Es ahora cuando revisar las órbitas o áreas de nuestra vida, así como nuestros vínculos o relaciones afectivas, resulta muy útil. Cada órbita está compuesta por áreas fundamentales que pocas veces cuestionamos y tampoco reflexionamos acerca de cómo nos sentimos frente a ellas. De igual forma, las personas que nos rodean ocupan un lugar en esas órbitas, ya sea de cercanía o lejanía, que conviene cuestionar y revisar.

Suele suceder que tenemos gente más cercana a nosotros de lo que hoy quisiéramos, por lo que cambiarlos de órbita sería prudente, o bien personas que están en una de las últimas órbitas y quisiéramos tenerlas más cerca. Lo mismo ocurre con sucesos, momentos vividos, o bien áreas que componen nuestra vida, ¿estarán todos ellos colocados en su órbita correspondiente? Ésta es una oportunidad de movernos hacia donde elijamos hacerlo, recordando que las crisis de la vida, así como las experiencias traumáticas, son oportunidades para poner en perspectiva cualquier aspecto de nuestra vida; de esta forma,

Nuestro universo

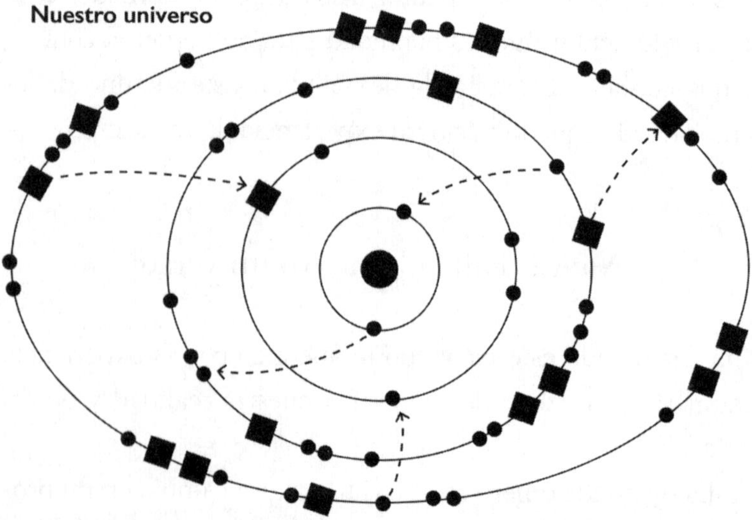

● Relaciones o personas en nuestra vida

■ Situaciones o áreas de nuestra vida

el dolor, el sufrimiento y la experiencia adquieren un sentido: convertiremos el ***estrés postraumático*** en ***crecimiento postraumático.***

Algunos ejemplos de áreas que conviene revisar serían:

- Área de autocuidado (ejercicio, dieta, revisiones médicas)
- Área social (amigos, actividades, diversiones)
- Área familiar (pareja, familia, hijos)
- Área espiritual (es muy importante practicar algún tipo de espiritualidad: meditación, silencio)
- Área de nuestro proyecto de vida (columna vertebral de la felicidad)
- Área profesional

¿Cómo nos sentimos frente a cada una? ¿Qué cambiaríamos si tuviéramos la posibilidad de hacerlo?

Hay pocos momentos en los que nos vuelven a repartir hipotéticamente las cartas de nuestra vida, sin embargo, somos responsables de la jugada que haremos con ellas.

Esto eres, esto somos... ¡Un universo de posibilidades infinitas!

CONCLUSIONES

La tragedia debe ser utilizada
como una fuente de fortaleza.
DALAI LAMA

Si llegaste a este punto de mi libro, lo más válido sería que tomaras algún tipo de acción sobre tu vida y reconocieras que alguna crisis o experiencia traumática que hayas experimentado a lo largo de tu vida está "estancada", "paralizada" o simplemente está ahí, sin más. Llegó el momento de cuestionar tu universo y tu realidad, y para ello siempre es un buen momento; haz pues los movimientos y cambios que desees hacer en tu vida. Recuerda que no debes esperar una crisis, un trauma o un acontecimiento fuerte para cambiar; es una elección, una decisión sabia que se toma en cualquier momento, cada día. ¿Qué vida elijo tener a partir de hoy? ¿Qué tendría que hacer para conquistarla?

Hay historias que pueden cambiar tu vida, y este libro no existiría si no hubiera sido una consecuencia de mi propia historia y de algunas otras historias de las cuales tuve oportunidad de ser testigo; en ambas y por un sinfín de circunstancias, el dolor y el sufrimiento se transformaron en crecimiento. Hechos sorprendentes que llevan una vida por insospechados caminos, a veces alegres y otros no tanto, vivencias que en un principio parecían acabar en un trágico final, hechos que en su día eran percibidos como situaciones dramáticas que sumergían una vida en las profundidades de las dudas y la desesperación, ocasiones en las que era difícil creer y mantener la esperanza. Pero todas estas historias y situaciones, con el tiempo y el trabajo interior, encontraron un sentido, un para qué en la vida, un propósito.

Gracias a mi trabajo personal, basado en mi propia experiencia de secuestro, y al trabajo con miles de pacientes durante más de 11 años de experiencia en terapia para TEPT, he podido construir mi propio método para poder ayudar en este recorrido "del caos al orden" en nuestra vida. Hoy me queda claro que el trauma nunca sana en aislamiento. El proceso de sanación siempre se da ante la presencia amorosa de alguien más.

Me siento muy orgullosa y satisfecha de poder documentar este método de trabajo que ha ayudado a tantas personas, incluyéndome a mí misma, siendo testigo de que es inmensamente útil y muy poderoso atreverse a trabajar los traumas de nuestra vida, sean presentes o pasados.

Espero que este libro pueda ayudar, guiar y acompañar en múltiples procesos, y que brinde la fuerza necesaria para afrontar los riesgos y disfrutar de las recompensas que el cambio depara.

El elemento más importante en la recuperación de un evento traumático es la restauración del sentido de seguridad: seguridad externa e interna. Sin estos dos elementos no hay recuperación.

Yo lo he logrado, hoy considero que recuperé mi libertad interior y exterior, he vuelto a creer en ella, me muevo por la vida sin miedo a que me vuelva a pasar lo mismo, con la firme convicción de que no me volverá a suceder, porque así lo elijo y así lo decreto. He superado una a una todas las limitaciones que en un principio mi secuestro me imponía, hasta la última de ellas, que consistía en salir libremente a correr y caminar por la misma calle donde fui raptada, que tanto disfrutaba y tanto disfruto aún.

Y concluyo, regresando a la pregunta: ¿para qué? Pues es ésta la pregunta correcta ante una situación traumática, ya que el porqué nos dejará permanentemente insatisfechos. "Porque no es lo que te pasa sino lo que haces con lo que te pasa."

Con cariño,
SHULAMIT GRABER

AGRADECIMIENTOS

Gracias a todos los maestros que he encontrado en mi camino, quienes con sus enseñanzas han iluminado y enriquecido mi trabajo. En especial al Prof. Danny Brom (fundador y director de Metiv: Centro de tratamiento de psicotrauma del hospital Herzog en Jerusalén, Israel), quien es y ha sido un pilar, un gran maestro, no sólo en la resignificación de mi propia experiencia, sino en la posibilidad de seguir creciendo e incursionando en el laberinto existencial de las vivencias traumáticas.

A Alejandro Pacheco por su guía y acompañamiento en la estructura y escritura de este libro.

Y a todos ustedes, mis pacientes y consultantes, que a lo largo de estos años me han compartido sus historias de vivencias traumáticas con las que he podido enriquecer no sólo mi trabajo terapéutico, sino también mi vida. Gracias por su confianza.

FUENTES

A lo largo de este relato voy citando libros que me resultaron muy importantes. Coloco la lista según el orden en que los cité, pero no es una bibliografía; quiero solamente aportar un brevísimo comentario para quien pueda estar en necesidad de la ayuda de un buen libro.

Malcom Gladwell, ***Blink**: **Inteligencia intuitiva***, Punto de lectura, (Colección Ensayo 101), México, 2009.

En ocasiones "pensamos sin pensar"; de ahí proceden las decisiones que parece que tomamos en un parpadeo, pero que no son tan simples como aparentan. Gladwell introduce en este libro el término de ***inconsciente adaptativo***: una especie de computadora gigantesca que procesa rápida y silenciosamente muchos de los datos que necesitamos para hacer una composición del lugar, de lo que nos rodea, advertirnos de los peligros, establecer metas e iniciar acciones de forma elaborada y eficaz. Quienes toman buenas decisiones no son aquellos que procesan más información o que dedican más tiempo a deliberar, sino aquellos que han perfeccionado el arte de hilar fino, de extraer pocos factores que realmente importan a partir de una cantidad desmesurada de variables. (La captura.)

Adela Fasja Cohen, "Mediación y arbitraje: de la comunidad Maguen David a su aplicación en la educación", tesis de maestría, México, 2006.

Esta tesis me ayudó a vincular mi experiencia con mi tradición judía y sus valores fundacionales, me hizo recordar el eje alrededor del cual fue construido el pensamiento bíblico: el de la libre elección. (La llegada.)

Konrad Lorenz, ***Sobre la agresión: el pretendido mal***, Siglo XXI editores, (colección Psicología y Etología), 9ª edición, México, 1980.

¿Será que el mal es intrínseco al ser humano, o es una mera construcción social?

Konrad profundiza sobre este tema, debatiéndose entre la responsabilidad social del mal o la predominancia genética, dilema ético de nuestros tiempos. (La llegada.)

José Antonio Marina, ***El laberinto sentimental***, Anagrama, (colección Compactos 215), Barcelona, 2009.

Con los sentimientos procesamos lo interesante, lo que nos afecta, pero la pregunta sería: ¿qué hacemos con ello? En ocasiones los padecemos, pues son fuerzas que desde afuera nos atacan, otras son nuestros aliados, ya que el corazón tiene sus motivos que la razón no comprende. Aquejados de esta normal enajenación, no acabamos de saber en qué orilla queremos vivir, pero lo cierto es que siempre acabamos volviendo a nuestro varadero sentimental. (La llegada, Un día distinto.)

Irvin D. Yalom, ***Mirar al sol: la superación del miedo a la muerte***, Emecé, México, 2009.

El miedo a la muerte puede ser paralizante, o puede despertar el recurso interior para evocar una vitalidad firme y renovada. Yalom ha escrito un libro profundo y un recurso de enorme valía para quienes buscan un asidero vital y atemperar el temor. (Los días desde adentro, La existencia se volvía incierta, La llegada a casa.)

Froma Walsh, ***Resiliencia familiar: Estrategias para su fortalecimiento***, Amorrortu Editores, Buenos Aires, 2004.

A la capacidad de una persona para recobrarse de la adversidad fortalecida y dueña de mayores recursos se le llama *resiliencia*. Este libro nos explica este proceso activo de resistencia, adaptación y crecimiento como respuesta a las crisis y desafíos de la vida. (Los días desde adentro, La existencia se volvía incierta, La llegada a casa.)

Viktor Frankl, ***El hombre en busca de sentido***, Herder, Barcelona, 2008.

Encontrarle un sentido a la vida, aun en las experiencias más desgarradoras, es en sí mismo una forma de sobrevivencia. Una crisis puede ser un llamado de advertencia que agudice nuestra atención respecto a lo que realmente importa de la vida.

Frankl es inspirador y esperanzador sobre la capacidad humana de trascender sus dificultades y descubrir la verdad conveniente y orientadora: el sentido de la vida. (Los días desde adentro, La existencia se volvía incierta, Con el paso del tiempo.)

Sun Tzu, *El arte de la guerra*, Coyoacán, (colección Diálogo abierto / Política 42), México, 2006.

Uno de los libros más valiosos con los que he tenido la fortuna de encontrarme, pues nos dice cómo es que la guerra, aplicada a cualquier ámbito laboral o social, es de vital importancia para el estado; es el dominio de la vida o la muerte, el camino hacia la supervivencia o la pérdida del imperio: es forzoso manejarla bien.

Es así como a lo largo de su libro nos muestra la forma de ser un general eficiente en la propia vida y en el dominio de las circunstancias a las que pudiéramos enfrentarnos. (Los días desde adentro.)

Luigi Boscolo y Paolo Bertrando, *Los tiempos del tiempo: Una nueva perspectiva para la consulta y la terapia sistémica*, Paidós, (colección Terapia Familiar 66), Barcelona, 1996.

Nuestro sentido del tiempo se funda, sobre todo, en la experiencia del presente inmediato, sin embargo, una serie de factores es capaz de alterar el sentido del tiempo: cambios de luz, de temperaturas, drogas, trastornos psíquicos e incluso encierros prolongados. Bertrando y Boscolo hacen una diferenciación entre el sentido del tiempo objetivo o biológico y el sentido del tiempo subjetivo individual o existencial, que tiene que ver con los procesos de la propia interioridad de la persona. (Un día distinto.)

Nassim Nicholas Taleb, *El cisne negro: El impacto de lo altamente improbable*, Paidós, (colección Paidós transiciones), Barcelona, 2008.

Encontrar un cisne negro es un suceso bastante improbable; cuando sucede, surgen miles de explicaciones *a posteriori* de la probabilidad que había de hallarlo, pero éstas no tienen en cuenta al azar y sólo buscan encajar lo imprevisible en un modelo perfecto. Lo mismo sucede con los desastres universales o las desgracias humanas, o en este caso el tema de ser secuestrado.

A la pregunta de por qué no podemos identificar ciertos fenómenos hasta que ya han sucedido, el autor de este libro opina que se debe a que los humanos nos empeñamos en investigar las cosas ya sabidas, olvidándonos de lo que desconocemos. Ello nos impide reconocer las oportunidades y nos hace demasiado vulnerables al impulso de simplificar, narrar y categorizar, olvidándonos de recompensar a quienes saben imaginar lo "imposible".

Nassim Nicholas Taleb, *¿Existe la suerte?: Las trampas del azar*, Paidós, (colección Transiciones 77), Barcelona, 2009.

Todo el mundo quiere tener suerte en la vida, pero ¿qué hace que algunos de nosotros tengamos más éxito que otros? ¿Tiene que ver realmente con nuestras capacidades y estrategias, o con algo mucho más impredecible?

Nassim nos habla de cómo percibimos la suerte en nuestras experiencias personales, y de la importancia de saberla comprender y encauzar, ya que en ocasiones, nos empeñamos en encontrar razones en donde no las hay.

Baltasar Gracián, *El arte de la prudencia*, Planeta, (colección Temas de hoy), México, 2009.

No existe un solo camino para la prudencia o el éxito, y después de una experiencia límite, la prudencia se vuelve un tema a reflexionar. Gracián resume frases de la sabiduría práctica que son de gran utilidad para enfrentar un mundo cada vez más competitivo y hostil. (Con el paso del tiempo.)

Michel Foucault, *El orden del discurso*, Tusquets, Barcelona, 1974.

Según Foucault, el poder designa relaciones entre sujetos que de algún modo conforman una asociación o grupo, y para ejercerlo se emplean técnicas de amaestramiento, procedimientos de dominación y sistemas para obtener la obediencia. Sirva como ejemplo un centro educativo. Desde la estructura del edificio, hasta los roles de cada una de las personas que ahí conviven, pasando por las actividades pautadas y los signos que contiene, forman parte del mismo objetivo. Dichos signos permiten distinguir el valor de cada uno de los niveles de saber. Las estrategias empleadas son, igualmente, la vigilancia, la recompensa, el castigo, la jerarquía piramidal, etcétera.

BIBLIOGRAFÍA COMPLEMENTARIA

Aramoni, Aniceto, *Vivir es consumir el tiempo,* Promexa, México, 1991.

Barudy, Jorge y Anne-Pascale Marquebreucq, *Hijas e hijos de madres resilientes*, Gedisa, Barcelona, 2009.

Boss, Pauline, *La pérdida ambigua. Cómo aprender a vivir con un duelo no terminado,* Gedisa, Barcelona, 2001.

Bozormenyi-Nagy, Ivan, y Geraldine M. Spark, *Lealtades Invisibles,* Amorrortu, Buenos Aires, 1994.

Brom, D., y R. Pat-Horenczky, "Ethical considerations in the treatment of post-traumatic distress", *Individual, Family and Community Perspective,* Routledge, Nueva York, 2014.

———, "Thoughts about survival mode theory of posttraumatic reactions", *Individual, Family and Community Perspective,* Routledge, Nueva York, 2014.

———, "Coping with trauma", *Individual, Family and Community Perspective,* Routledge, Nueva York, 2014.

Brooks. R., y S. Goldstein, *El poder de la resiliencia. Cómo lograr el equilibrio, la seguridad y la fuerza interior necesarios para vivir en paz,* Paidós, México, 2004.

Tedeschi, Richard G., y & Lawrence G. Calhoun, "Posttraumatic Growth: Conceptual Foundations and Empirical Evidence", en línea, 19 de noviembre de 2009.

Cecchin, G., "Nueva visita a la hipotetización, la circularidad y la neutralidad: Una invitación a la curiosidad", *Sistemas familiares*, Argentina, 1989.

Gonzales, Laurence, *Surviving Survivial. The Art and Science of Resilience.* W. W. Norton and Company, Londres, 2015.

Gregen, K., *El yo saturado*, Paidós, Barcelona, 1991.

Levine, Peter A., *Sanar el trauma,* Neo Person, Madrid, 2017.

Levy, N., *La sabiduría de las emociones*, Barcelona, De Bolsillo, 2001.

O'Hanlon, B., *Atrévete a cambiar*, Paidós, Barcelona, 2010.

______, *Crecer a partir de las crisis. Cómo convertir una situación difícil o traumática en una oportunidad de crecimiento*, Paidós, Barcelona, 2004.

Roger, B., *Understanding Trauma. How to Overcome Post Traumatic Stress*, Lion Hudson, Oxford, 2010.

Schwalb, V., *Todos somos resilientes. Niños y adultos pueden superar hasta el dolor más profundo*, Paidós, Buenos Aires, 2012.

Tedeschi, Richard G., Lawrence G. Calhoun y Arnie Cann, "Evaluating Resource Gain: Understanding and Misunderstanding Posttraumatic Growth", *Applied Psychology: An International Review*, 2007, vol. 56 (3), pp. 396-406.

Van der Kolk, M. D. B., *El cuerpo lleva la cuenta. Cerebro, mente y cuerpo en la superación del trauma,* Eleftheria, Barcelona, 2014.

White, M., *Guías para una terapia familiar sistémica*, Gedisa, Barcelona, 1997.

______, *Maps of Narrative Practice*, W. W. Norton & Company, Nueva York, 2007.

Yehuda, R., "Post-Traumatic Stress Disorder", *N Engl J Med,* vol. 346, núm. 2, 10 de enero de 2002.

Esta obra se terminó de imprimir
en el mes de enero de 2026,
en los talleres de Impresora Tauro, S.A. de C.V.
Ciudad de México.